V 2504
17

22114

LE GÉNIE
DE
L'ARCHITECTURE,
OU
L'ANALOGIE
DE CET ART
AVEC NOS SENSATIONS.

Par M. LE CAMUS DE MÉZIERES, Architecte.

Non satis est placuisse oculis, nisi pectora tangas.
C'est peu de plaire aux yeux, il faut émouvoir l'âme.
POÈME de la Peinture par le P. MARSY.

A PARIS,
Chez { L'AUTEUR, rue du Foin Saint-Jacques au Collège de Maître Gervais.
BENOIT MORIN, Imprimeur-Libraire, rue Saint Jacques, à la Vérité.

M. DCC. LXXX.
AVEC APPROBATION, ET PRIVILÈGE DU ROI.

A

MONSIEUR WATELET,

DE l'Académie Françoise, Honoraire de l'Académie Royale de Peinture & de Sculpture, de celle d'Architecture, Associé libre de la Société Royale de Médecine, Membre des Académies de Vienne, de Madrid, de Berlin, de Rome, de Florence, de Parme, & de l'Institut de Bologne, &c.

MONSIEUR,

C'EST au talent, c'est au mérite que je dédie cet Ouvrage ; vous aimez, vous cultivez les Arts : le Crayon, le Burin vous sont familiers. Vous avez chanté l'art de peindre. Votre Essai sur les Jardins nous rappelle l'Age d'or, vous le faites régner dans les lieux charmans que vous décrivez. Vos Ouvrages, MONSIEUR, ont animé mon zèle, je vous en offre le fruit ; c'est un tribut que je vous dois. Je réclame votre indulgence, & je vous supplie d'agréer le respect avec lequel je suis,

MONSIEUR,

Votre très-humble & très-obéissant serviteur,
LE CAMUS DE MÉZIERES.

TABLE DES TITRES

Contenus dans ce Volume.

Introduction,	page 1
Le Génie de l'Architecture,	17
Ordres d'Architecture,	23
Piédestal,	26
Colonne,	ibid.
Entablement,	27
Ordre Toscan,	33
Ordre Dorique,	ibid.
Ordre Ionique,	32
Ordre Corinthien,	34
Ordre Composite,	35
Idée d'un Ordre Français,	37
De l'Art de plaire en Architecture,	41
Décoration extérieure,	56
De la Distribution et du Décore,	80
Vestibule,	97
Premiere Antichambre,	99
Seconde Antichambre,	100
Troisieme Antichambre,	102
Sallon,	104
Chambre à coucher,	115
Boudoir,	116

TABLE

Glaces,	124
Cabinet de toilette,	126
Garderobe pour les Hardes,	130
Garderobe de propreté,	132
Cabinet à l'Angloise,	133
Bains,	136
Antichambre des bains,	ibid.
Cabinet des bains,	137
Etuve,	144
Chambre à coucher des bains,	146
Garderobe des bains,	148
Garderobe de propreté,	ibid.
Lingerie,	149
Cabinets,	156
Grand Cabinet,	158
Arriere-Cabinet,	161
Serre-papier,	162
Garderobe,	ibid.
Dégagement,	163
Bibliotheque,	164
Cabinet attenant la Bibliotheque,	168
Cabinet de Médailles & d'Antiquités,	170
Cabinet d'Histoire naturelle,	171
Cabinet des Machines,	173
Salle à manger,	ibid.
Salle du Buffet,	187
CUISINES ET OFFICES, Cuisine,	191
Garde-Manger,	194

DES TITRES.

Garde-Manger pour le Poisson,	195
Bûcher,	196
Rôtisserie,	ibid.
Pâtisserie,	197
Lavoir,	198
Commun,	199
Cour des Cuisines,	201
Office,	202
Premiere Piece de l'Office,	203
Seconde Piece de travail pour les Sucreries,	ibid.
Troisieme Piece où se dressent les Desserts,	204
Quatrieme Piece pour serrer les Sucreries,	205
Cinquieme Piece servant de Fruiterie,	206
Sixieme Piece pour les Plateaux & les Porcelaines,	209
Septieme Piece pour l'Argenterie,	210
Huitieme Piece pour le Logement de l'Officier,	211
Neuvieme Piece pour l'Aide d'Office,	ibid.
Logement du Maître-d'hôtel,	ibid.
Logement du Chef de Cuisine,	212
LOGEMENS DES DIFFÉRENS OFFICIERS,	214
Appartement du Secrétaire,	ibid.
Logement du sous-Secrétaire,	216
Bibliothécaire,	217
Logement des Enfans de la Maison,	ibid.
Logement des Fils de la Maison,	219
Logement des Demoiselles,	220
Logement de l'Intendant,	221

TABLE DES TITRES.

Logement des Valets-de-chambre,	222
Premier Valet-de-chambre,	ibid.
Second Valet-de-chambre,	223
Premiere Femme-de-chambre,	224
Seconde Femme-de-chambre,	225
Lingerie,	226
Logement de la Femme-de-charge,	227
Infirmerie,	ibid.
BASSE-COURS. Des Ecuries & des Remises,	234
Ecuries,	237
Ecuries des Chevaux de selle,	248
Ecuries des Chevaux étrangers,	249
Ecuries des Chevaux malades,	250
Remises,	ibid.
Endroit pour les Harnois,	252
Sellerie,	254
Basse-cour des Fumiers,	256
Maréchal,	257
Greniers à Foin,	259
Greniers à Paille,	260
Greniers à l'Avoine,	ibid.
Logement de l'Ecuyer,	261
Piqueur,	ibid.
Valet-de-chambre Tapissier,	262
Garde-Meuble,	263
Manege,	264

FIN.

INTRODUCTION.

PERSONNE n'a encore écrit sur l'analogie des proportions de l'Architecture avec nos sensations; nous n'en trouvons que des fragmens épars, peu approfondis, &, pour ainsi dire, jettés au hasard.

On peut les regarder comme des diamans dans leur enveloppe grossiere, qui attendent le secours de l'art pour jouir de tout leur éclat.

C'est un sujet neuf à traiter; aussi n'offrons-nous ce travail que comme un simple essai, dans le dessein d'exciter des génies plus heureux, à saisir le même point de vue, & à faire sur cette matiere un Ouvrage complet digne du siecle éclairé dans lequel nous vivons.

Jusqu'ici on a travaillé d'après les proportions des cinq Ordres d'Architecture, employés dans les anciens Edifices de la Grece & de l'Italie : c'est un modele précieux; on ne pouvoit mieux faire. Mais combien d'Artistes n'ont employé ces Ordres que machinale-

INTRODUCTION.

ment, sans saisir les avantages d'une combinaison qui pût faire un tout caractérisé, capable de produire certaines sensations; ils n'ont pas conçu plus heureusement l'analogie & le rapport de ces proportions avec les affections de l'ame.

Nous voyons quelquefois des morceaux d'Architecture qui surprennent, qui font impression, mais qui laissent le jugement incertain : il reste quelque chose à desirer : quelle en est la cause? C'est qu'ils sont enfans du caprice : quoiqu'il y regne du goût, & que le génie perce, on reconnoît, en les examinant, que l'exécution est douteuse, & que les vrais principes de l'Art ont été méconnus ou négligés. Il existe cependant d'heureuses productions de ces vastes génies, vrais phénomenes de leur siecle : prenons-les pour modèles ; discutons-les avec une attention raisonnée ; démêlons les causes qui les font agir sur notre ame; & par cette voie formons-nous des principes.

Notre objet est de développer ces causes par nos Observations sur les Edifices les plus remarquables ; sur ceux qui nous auront frappés; & d'après les sensations que nous aurons nous-mêmes éprouvées. La nature & l'art nous guideront de concert : c'est leur marche que nous voulons suivre ; heureux, si ce travail ne surpasse pas nos forces.

Occupé de ces observations depuis ma jeunesse, mon zèle s'est soutenu en fixant mon attention sur les ouvrages de la nature. Plus j'ai examiné, plus j'ai reconnu que chaque objet possede un caractere qui lui est propre, & que souvent une seule ligne, un simple contour suffisent pour l'exprimer. La face du lion, celles du tygre & du léopard sont composées d'un assemblage de traits qui les rendent terribles, & portent l'épouvante dans les ames les plus fermes. On apperçoit dans la tête du chat le caractere de la trahison : la douceur & la bonté sont peintes sur celle d'un agneau ; le masque du renard annonce la finesse & l'astuce : un seul trait les caractérise.

Le célebre le Brun (1), dont les talens honorent sa patrie, nous a prouvé la vérité

---

(1) Charles le Brun, premier Peintre de Louis XIV, mort à Paris en 1690, a laissé au Public le caractere des passions dessiné au simple trait.

de ce principe en nous donnant fon caractere des paffions ; il a exprimé les différentes affections de l'ame, & rendu par une feule ligne la joie, la triftefle, la colere, la fureur, la commifération, &c.

Ainfi, dans les objets inanimés, la forme nous rend les uns flatteurs, les autres défagréables. Une fleur charme les yeux, une douce fympathie nous attire, la difpofition de fes parties nous attache. Pourquoi les productions de l'Art que je traite n'auroient-elles pas le même avantage ? Une conftruction fixe nos regards par fa maffe ; fon enfemble nous attire ou nous repouffe. En examinant un monument, nous éprouvons différentes fenfations oppofées les unes aux autres : là, c'eft la gaieté ; ici, la mélancolie. L'une concentre notre ame dans le recueillement ; l'autre l'éleve à l'admiration, la retient dans le refpect, &c.

Quelles font les caufes de ces différens effets ? Démêlons-les, s'il eft poffible, l'exiftence n'en eft pas douteufe ; combien fe montrera-t-elle plus fenfible, fi l'on réunit à l'Architecture, la Peinture & la Sculpture ? Qui peut résister alors à cette triple magie dont les prestiges font éprouver à l'ame presque toutes les affections & sensations qui nous sont connues ? Voulons-nous en juger avec certitude & satisfaction ? Jettons les yeux sur les décorations de nos Théatres, où la simple imitation des ouvrages enfantés par l'Architecture détermine nos affections. Ici, c'est le Palais enchanté d'Armide ; tout y est à la fois magnifique & voluptueux ; on devine qu'il fut élevé par les ordres de l'Amour. La toile change ; c'est le séjour de Pluton qui porte l'horreur & l'effroi dans les ames. Voyons-nous le Temple du Soleil ? il produit l'admiration. L'aspect d'une Prison fait naître la tristesse ; des Appartemens destinés à une fête, entourés de jardins, de fontaines & de fleurs, excitent la gaieté & préparent aux plaisirs. A la vue de la forêt de Dodone, l'ame est émue ; on est saisi de l'horreur sacrée des bois.

Le fameux Servandoni (1), dont le génie

___

(1) Servandoni a été en France Architecte, Peintre & Décorateur du Roi, & Membre des Académies établies pour ces différens Arts. Il eut les mêmes qualités auprès des Rois d'Angleterre, d'Espagne, de Pologne, & du Duc régnant

fécond & la connoiffance des fecrets de fon Art nous ont furpris & charmés fur la fcêne (1), a fçu, dans un Spectacle muet, faire éprouver l'effet de l'ardeur brûlante du Soleil. On y voyoit le Camp de Godefroy en proie aux feux de la Canicule ; prefqu'aucune ombre, un ciel rougeâtre, une terre aride, un effet de lumiere qui rappelloit celui d'un air enflammé ; tout y produifoit une illufion dont aucun Spectateur n'étoit à l'abri ; on croyoit fouffrir, on étoit foumis à la puiffance de l'Art. Il eût fans doute, avec autant de fuccès, fait paffer dans nos ames l'idée d'un froid cuifant, s'il nous eût préfenté l'image de ces climats où quelques bouleaux dépouillés font les feuls végétaux qui s'élevent fur des rochers couverts de neiges éternelles ; un air fombre, un ciel pâle & uniforme auroit annoncé de nouveaux frimats prêts à fe répandre. Des fleuves glacés & immobiles, des fources furprifes & comme arrêtées dans leur fuite, n'auroient préfenté

---

de Wirtemberg. En Portugal, il a été décoré de l'Ordre Royal de Chrift. Il eft mort à Paris, le 19 Janvier 1766.

(1) Repréfentation en machines, donnée fur le Théatre des Thuilleries, en 1741.

qu'une nature privée de vie & de mouvement. Ce spectacle nous eût fait frissonner. Que n'éprouvons-nous pas dans les oppositions des ténebres les plus épaisses, & du jour le plus pur, dans les agrémens du calme & les désordres de la tempête & des vents? Les nuances, les gradations nous affectent.

Ce sont donc les dispositions des formes, leur caractere, leur ensemble qui deviennent le fond inépuisable des illusions. C'est de ce principe qu'il faut partir, lorsqu'on prétend dans l'Architecture produire des affections, lorsqu'on veut parler à l'esprit, émouvoir l'ame, & ne pas se contenter, en bâtissant, de placer pierres sur pierres, & d'imiter au hasard des dispositions, des ornemens convenus ou empruntés sans méditation. L'intention motivée dans l'ensemble, les proportions & l'accord des différentes parties produisent les effets & les sensations.

Consultez sans cesse, & ayez pour objet principal l'harmonie des proportions & des rapports mutuels de chaque partie; elle seule forme l'enchantement dont notre ame est éprise. Tâchons d'en connoître les causes, examinons-en les principes, afin d'en pouvoir établir les regles.

L'analogie des proportions de l'Architecture avec nos senfations, forme une suite de réflexions qui établit la Métaphyfique intéreffante, d'où dépendent les progrès de cet Art. Nous avons cherché à écarter l'attirail fcholaftique & tout ce qui reffent la fubtilité des raifonnemens, en évitant la féchereffe des principes, & répandant, autant qu'il nous a été poffible, fur ceux que nous avons établis, un coloris agréable, par des comparaifons, des defcriptions & des exemples.

Telles font les loix que nous nous fommes prefcrites dans cet Ouvrage; les détails dans lefquels nous fommes entrés s'étendent jufqu'aux différentes diftributions des Edifices. Nous avons parlé des caracteres relatifs à chaque endroit, à chaque piéce d'une Maifon, fans oublier ce qui eft propre & convenable à l'état des perfonnes qui doivent l'habiter.

L'Edifice que fait conftruire un grand Seigneur, le Palais d'un Evêque, l'Hôtel d'un Magiftrat, la Maifon d'un Militaire, celle d'un riche Particulier, font des objets qui

INTRODUCTION.

doivent être différemment traités. Les sensations qu'ils excitent ne sont pas les mêmes ; conséquemment les proportions de l'ensemble, celles des masses & des détails demandent des caracteres qui leur soient propres.

Si on juge que nous avons trop multiplié le nombre des piéces relatives à chaque partie de distribution, & qu'on ne veuille pas se loger aussi grandement, il est facile, sans nous reprocher la profusion, de se restreindre à son état, à sa fortune ; qui peut le plus, peut le moins. D'ailleurs, les idées se rétrécissent assez ; il faut dans les principes présenter tout en grand. Il est bon de connoître jusqu'à quel point on peut porter le luxe & l'aisance ; nous ne devons pas fronder le goût du siécle.

Nos principes sur l'analogie des proportions de l'Architecture avec nos sensations sont calqués sur ceux de la plus grande partie des Philosophes. On n'erre point en suivant la nature ; sa marche est une, Pithagore nous le dit.

L'harmonie est le premier mobile des plus grands effets ; elle a sur nos sensations le droit le plus naturel; les Arts dont elle eſt la baſe portent dans notre ame une émotion plus ou moins délicieuſe.

Le Pere Caſtel, ce ſavant Jéſuite, Auteur du merveilleux Clavecin de couleurs, a bien ſenti toute l'étendue de ces réflexions. Auſſi, par un calcul le mieux conçu & le plus ingénieux, avoit-il conſtruit un inſtrument qui donnoit un concert de couleurs, en même-temps qu'il en formoit un par les ſons. Les couleurs ſe ſuccédoient harmoniquement, & frappoient les yeux avec la même magie & autant d'agrément pour l'homme inſtruit, que les ſons combinés par le plus habile Muſicien peuvent flatter les oreilles. Ce chef-d'œuvre a éprouvé le ſort des meilleurs projets; il a été jugé ſans être connu. On veut ſavourer comme un fruit dans ſa véritable ſaiſon & d'une qualité décidée, ce qui n'eſt qu'un fruit précoce; c'eſt étouffer le talent dans ſa naiſſance. Il y a ſans doute des choſes qui ne peuvent être ſaiſies au premier inſtant; la baſe des ſciences eſt de bien voir; pour bien voir, il faut examiner & réfléchir. Un Savant, qui dans une Bibliotheque ne ſe ſeroit long-temps

INTRODUCTION.

occupé que de Livres, tout-à-coup transporté dans une superbe Galerie de Tableaux, n'aura ni le même plaisir, ni les mêmes sensations que celui qui se sera fait une étude de l'art de peindre. On pourroit même le voir préférer un médiocre Tableau dont le coloris seroit gai & brillant à celui de nos Tableaux les plus précieux, & dont nous faisons le plus de cas. Regrettons qu'on ait négligé la découverte du Pere Castel, qui peut-être en auroit produit de plus intéressantes ; ce seroit au moins un plaisir de plus. Nos regrets sont fondés; une étincelle peut occasionner le plus grand feu. Mais laissons cette disgression, & disons qu'il y a entre les couleurs & les sons une liaison intime, que les passions en sont également affectées, & qu'il en résulte les mêmes effets. A l'aspect d'un beau monument, les yeux jouissent d'un plaisir aussi flatteur, que les oreilles dans l'art sublime des sons. La Musique, cet Art divin qui nous enchante, a les rapports les plus intimes avec l'Architecture. Ce sont les mêmes consonances, les mêmes proportions. La Ville de Thèbes, suivant la fable, fut bâtie aux sons de la lyre, d'Amphion, fiction qui nous apprend au moins que les Anciens sentoient combien l'Architecture étoit liée à l'harmonie, qui n'est autre chose que la convenance des différentes parties pour former un tout relatif.

L'Architecture est vraiment harmonique. L'ingénieux M. Ouvrard, Maître de Musique de la Sainte-Chapelle & l'un des habiles Musiciens du siecle de Louis XIV, le prouve de la maniere la plus victorieuse dans son Traité (1). Pour appuyer son systême, il fait voir que les mesures du Temple de Salomon sont entr'elles en proportion des nombres harmoniques; ces mesures sont conformes à celles que l'Ecriture nous a données & que Villalpande (2) nous a représentées dans un si beau jour. Il ne s'est pas arrêté à ce seul Edifice: il a appliqué ses principes à plusieurs Bâtimens antiques & à tous les préceptes de

---

(1) Architecture harmonique, ou application de la doctrine des proportions de la Musique à l'Architecture.

(2) Jean-Baptiste Villalpande, habile Jésuite, natif de Cordoue, Auteur d'un savant Commentaire sur Ezéchiel, en trois tomes *in-fol.* dont on estime sur-tout la description de la Ville & du Temple de Salomon. Il est mort en 1608.

Vitruve (1); différens morceaux agréables & marqués au coin du génie sont sortis de ses mains. Envain s'est-on récrié contre ses systêmes. Mal-à-propos M. Perrault (2) a-t-il écrit qu'il ne devoit point y avoir de proportions fixes, que le goût seul devoit décider; qu'il étoit nécessaire que le génie eût ses écarts, que les regles strictes & trop multipliées le rétrécissoient, sembloient le circonscrire & le rendoient pour ainsi dire stérile.

Disons qu'il faut nécessairement des points d'après lesquels on puisse partir, & des loix pour fixer notre imagination qui, en général, est licencieuse. En l'abandonnant à elle-même, elle ne connoît ni frein ni mesure, elle produiroit des composés monstrueux, feroit un grossier mélange de tous les genres, & ne craindroit pas de les réunir dans une

---

(1) Vitruve, Architecte fameux du temps d'Auguste.

(2) Claude Perrault, dont Boileau a parlé si souvent dans ses Satyres, mort à Paris en 1688, nous a laissé une Traduction & un savant Commentaire sur Vitruve. C'est sur ses Desseins qu'ont été bâties la Porte Saint-Bernard, l'Observatoire & la fameuse Colonnade du Louvre. Ce célebre Artiste avoit débuté par l'étude de la Médecine; il étoit Docteur de la Faculté de Paris.

même décoration. L'Architecture gothique nous en fournit un exemple frappant.

C'eſt d'après des regles fixes & invariables que ſe forme le goût & que nous faiſons mouvoir d'une maniere déterminée & ſublime tout à la fois, les différens reſſorts pour affecter agréablement les ſens & porter dans l'ame cette émotion délicieuſe qui nous ravit, qui nous enchante. C'eſt auſſi d'après ces réflexions & ſur de pareils modèles que nous avons pris notre eſſor.

Les Jardins que nous appellons Anglois, mais dont l'origine eſt vraiment Chinoiſe, nous ont fourni des moyens puiſés dans la nature même, dont les beautés ſont toujours dans une juſte proportion & dans un vrai rapport. L'expreſſion n'en eſt jamais équivoque; perſonne n'héſite ſur le caractere qu'elle préſente, elle eſt à la portée de tout le monde. La ſenſibilité, dont preſque tous les hommes ſont partagés, ſuffit pour faire reſſentir l'étendue de ſes effets.

Que de ſcênes agréables & quels tableaux n'offrent pas les Jardins de cette eſpece, lorſqu'ils ſont heureuſement conçus, qu'ils font analogues au genre qu'on s'eſt propoſé & enfin calqués ſur la belle Nature ! Que de genres, que d'eſpeces ! Les objets dont-ils font compoſés, quoiqu'inſenſibles & inanimés, agiſſent ſur les facultés de l'ame, & parviennent à élever l'eſprit juſqu'aux plus ſublimes contemplations. Depuis que nous avons différens traités ſur les Jardins qui font honneur à ceux qui les ont donnés, nous en avons ſaiſi pluſieurs idées: ſemblables à l'abeille, nous avons tâché d'en faire un miel agréable ; heureux, ſi nos efforts peuvent tendre au progrès de l'Art ſur lequel nous écrivons.

Tel a été l'objet de notre étude, c'eſt dans ces ſources que nous avons puiſé ; en les conſidérant avec une attention raiſonnée, nous avons cherché à développer la marche des ſenſations qu'elles occaſionnoient.

L'enſemble, les maſſes, les proportions, les ombres, les lumieres ont ſervi de baſes à nos combinaiſons. Nous avons tâché d'en concevoir les accords, de les analyſer, de déduire des principes, d'établir des regles.

C'eſt au Public éclairé à décider ſi nous avons réuſſi dans notre projet, l'expérience nous l'apprendra. Quoi qu'il en foit, il eſt toujours flatteur d'avoir ouvert une nouvelle carriere avec l'avantage d'y entrer.

Enfin, qu'il foit permis d'obferver que c'eſt ici l'ouvrage d'un Artiſte, qui, par fes occupations, ne peut pas fe livrer entiérement aux Belles-Lettres. Pourvû qu'il ait de l'ordre, que fes idées foient nettes & fuivies, que fon plan foit rempli, il efpere qu'on lui fera grace fur l'élégance & la pureté du ſtyle, en convenant furtout qu'il y a des chofes de l'Art qui ne peuvent être écrites que par ceux qui l'exercent habituellement.

LE GÉNIE
DE
L'ARCHITECTURE.

L'ARCHITECTURE ou l'art de bâtir se divise en plusieurs branches. Notre objet est de considérer cet art, relativement à la décoration, dont le vrai beau consiste dans le rapport des proportions que les différentes parties des édifices ont entr'elles. C'est de leur harmonie, c'est de leur accord que naît cet ensemble qui nous flatte, qui nous séduit : de cette harmonie & du beau réel ou relatif naissent aussi les différentes sensations.

Arrêtons-nous par exemple à l'intérieur du Dôme des Invalides (1) : quelles sensations

---

(1) Cette partie d'édifice a été construite sur les Desseins de Jules Hardouin Mansard, premier Architecte du Roi, neveu de François Mansard.

B

n'éprouvons-nous pas! Nous sommes remplis d'étonnement & d'admiration, notre ame est élevée. Saisis dans une espece d'extase, il semble que nous participions à la grandeur du Dieu qu'on y adore.

Si nous considérons les dehors du Dôme, sa forme piramidale & la base sur laquelle elle s'éleve majestueusement, nous sommes aussitôt pénétrés d'un sentiment de grandeur & de magnificence.

Nous trouvons dans la colonade du Louvre (1) un édifice imposant, riche & noble. L'entrée de la nouvelle monnoie (2) & son escalier se présentent avec les mêmes avantages.

L'intérieur de l'église du Val-de-Grace (3),

---

(1) Les Desseins en ont été donnés par Claude Perrault, & l'ont emporté sur ceux des différens Architectes qui y avoient concouru, notamment le Cavalier Bernin qu'on avoit fait venir à Paris à cét effet, & avec des dépenses vraiment royales. Claude Perrault est de Paris, & y est mort le 9 Octobre 1688, à 75 ans.

(2) Edifice élevé sur les Desseins de M. Antoine, Membre de l'Académie d'Architecture, né à Paris, & actuellement vivant. La premiere pierre a été posée le 30 Avril 1771, & le tout complettement fini en 1775.

(3) Le Val-de-Grace, dont Louis XIV, à l'âge de 7 ans,

DE L'ARCHITECTURE.

celui de la Sorbonne (1) & du College Mazarin ou des quatre Nations (2) nous entraînent au recueillement. Voyez comme les jours y font ménagés, tout y paroît éclairé en demi teinte, nos fentimens fe trouvent fixés, point de diftractions, l'ame y eft concentrée en elle-même. Jettons les yeux fur nos Salles de fpectacles, celle de l'Opéra à Paris, préparée pour le bal (3), celle de

---

pofa la premiere pierre en Avril 1645. François Manfard en donna les Deffins ; enfuite la conduite en fut donnée à Jacques le Mercier qui le continua jufqu'à l'entablement où il refta quelque temps. Enfin, en 1654, la Reine nomma Pierre le Muet, auquel elle affocia Gabriel le Duc pour finir ce bel Edifice.

(1) La Sorbonne, conftruite fur les Deffins de Jacques le Mercier, Architecte du Roi, né à Pontoife. La premiere pierre en fut pofée le 4 Juin 1629.

(2) Le College Mazarin bâti fous les ordres du Cardinal de ce nom, & fur les Deffins de Louis le Veau, premier Architecte du Roi, mort en 1670, âgé de 58 ans, & conduit par les foins de François Dorbay, fon Eleve, mort en 1697.

(3) Par M. Moreau, de l'Académie d'Architecture, Maître général des Bâtimens de la Ville, & Chevalier de l'Ordre de S. Michel, qui a fait preuve de fes heureux talens. Le Bâtiment en a été commencé en Mai 1764. Le Théâtre a été achevé à la fin de 1769., & l'ouverture s'en eft faite le 16 Janvier 1770, par l'Opéra de Zoroaftre.

B 2

Versailles, sur-tout (1), font naître des sentimens analogues aux jeux, aux divertissemens, aux fêtes qu'elles annoncent. La derniere réunit la décence & la grandeur. C'est un enchantement, tout occupe l'esprit, rien ne l'enchaîne.

Le Château de Trianon (2) particuliérerement destiné à faire jouir de la promenade & des plaisirs qui peuvent remplir & diversifier les loisirs d'un Monarque, annonce la gaieté; l'ensemble de ses masses, ses percés, ses formes bien cadencées & légeres, l'assortiment des marbres, le caractere des ornemens, tout concourt au même but.

Le Château de Versailles du côté des Jardins fait naître un sentiment sérieux & peut-être mélancolique. L'ensemble de ce grand édifice, superbe à la vérité, mais d'une même hauteur dans toute son étendue, ne forme

---

(1) Elevée pour les Nôces de Louis XVI, alors Dauphin, le 16 Mai 1770, sur les Dessins de M. Gabriel, premier Architecte du Roi.

(2) Bâti en 1670, sous le Ministere de M. de Louvois, par Jules Hardouin Mansard, premier Architecte du Roi. Quant au Bâtiment de la premiere Chapelle, il est de Libéral Bruant.

qu'une ligne droite sur l'horison, ce qui semble circonscrire notre ame, la captiver & la renfermer en elle-même.

Aujourd'hui dans les fauxbourgs de la Capitale, une infinité de nouveaux édifices semble prévenir les jouissances & la volupté. Quel est la cause de ses sensations ? C'est le choix des proportions, ce sont les formes qu'on employe & la situation à laquelle on les adapte avec goût, avec intention; ce sont les ornemens & les rapports réciproques qui produisent ce caractere & qui en effet établissent les illusions de l'Architecture: heureux celui dont le talent lui fait faire un juste emploi de ces moyens ! C'est un don précieux, peu d'Artistes l'ont reçu, & peu trouvent l'heureuse occasion d'en faire usage. Ne nous arrêtons point aux digressions dans lesquelles nous pourrions nous engager. Commençons par considérer les cinq Ordres qu'on doit regarder comme les élémens de l'Art qui fait l'objet de cet Ouvrage.

C'est dans l'ensemble des édifices connus qui excitent en nous différentes sensations, c'est dans les détails, dans la description du lieu &

des masses que nous puiserons des principes, sur lesquels ceux qui ont traité jusqu'ici de l'Architecture ont passé trop légérement. Notre véritable but est que, d'après nos remarques, chacun puisse tirer des conséquences auxquelles il n'auroit jamais pensé. Si les avantages répondent à nos vues, nous serons amplement récompensés de nos peines.

Les proportions générales de l'Architecture ont avec celles du corps humain, une analogie frappante & semblent prises d'après les principaux caracteres que nous y remarquons. Il y a des corps forts & robustes; il en a de délicats & d'élégans. C'est sous cet aspect que nous considérerons les cinq Ordres d'Architecture, sçavoir : le toscan, le dorique, l'ionique, le corinthien & le composite.

Le Toscan & le Composite sont Italiens, & les trois autres sont Grecs. L'ordre Toscan par ses proportions annonce la force, la solidité, & représente un homme nerveux & robuste. Le Dorique nous offre un homme d'une taille noble & avantageuse. L'Ionique tient de l'ensemble d'une belle femme avec un peu plus d'embonpoint que celui d'une jeune fille élégante & svelte, d'après laquelle sont données les proportions de l'Ordre Corinthien. Quant au cinquieme Ordre qui est le Composite, il est formé des quatre autres, & de-là même il prend son nom. Nous voyons donc dans la progression de ces ordres la force, l'élégance, les graces, la majesté & la magnificence.

Ordres d'Architecture.

Par le mot d'Ordre on entend un arrangement régulier & proportionné de masses, de moulures, d'ornemens, qui, dans une façade ou dans une autre décoration d'Architecture, composent un bel ensemble. La variété que les Artistes ont mise dans les arrangemens & dans les proportions des différentes parties, est l'origine des différens genres ou caracteres qui distinguent les Ordres de l'Architecture.

Chaque Ordre est composé de trois parties essentielles, d'un piédestal, d'une colonne & d'un entablement.

Chacune de ces parties est formée de trois autres.

Le piédestal contient une base, un dé, une corniche.

La colonne, une base, un fust, un chapiteau.

L'entablement, une architrave, une frise, une corniche.

Telles sont les parties essentielles qui constituent un Ordre d'Architecture; chacune de ces parties a des proportions relatives aux ordres auxquels elle est employée.

C'est la colonne de chaque Ordre qui en regle toutes les proportions : c'est d'après son diametre que se forme l'échelle ou module qui sert à construire & à proportionner tout l'ensemble.

La colonne Toscane, y compris la base & le chapiteau, a sept diametres de hauteur,

Celle de l'Ordre Dorique a huit diametres,

Celle de l'Ordre Ionique neuf,

Celle du Corinthien en a dix.

Quant à celle de l'Ordre Composite, elle a aussi dix diametres.

Le piédestal dans tout Ordre est le tiers de la hauteur de sa colonne.

L'entablement en est le quart.

Ce sont ces grandes divisions, d'après la hauteur de la colonne, qui constituent le caractere des Ordres, comme d'après la hauteur d'une tête, le Peintre forme sa figure & en trouve toutes les proportions.

A l'égard des subdivisions de chaque membre, elles varient suivant les ordres & le goût de chaque Artiste; ce que l'on peut dire en général, c'est que chaque moulure doit avoir autant de saillie qu'elle porte de hauteur.

On observera que le piédestal se subdivise sur lui-même pour sa base, son dé & sa corniche; qu'il en est de même à l'égard de sa base, son fust & son chapiteau, & que la même chose se pratique pour l'entablement relativement à son architrave, à sa frise & à sa corniche; c'est ce que nous allons voir en mettant en pratique nos divisions générales.

Pour y parvenir tirons une ligne horisontale AA vers le tiers de la feuille de papier sur laquelle nous voulons dessiner; sur cette ligne élevons une perpendiculaire BB. Cette opération faite, prenons une largeur quelconque, de façon cependant que cette même largeur qui fera le diametre du bas du fust de la colonne, puisse être portée en contrehaut; sept fois pour la hauteur de la colonne Toscane, huit fois pour la Dorique, neuf fois pour l'Ionique & dix fois pour les Ordres Corinthien & Compofite. On doit encore avoir attention qu'il faut un quart de cette hauteur de colonne pour l'entablement. A l'égard du tiers pour le piédeftal, on en trouvera la place ayant pofé la ligne horifontale vers le tiers du papier. C'eft d'après cette ligne & en contrebas que doit fe placer le tiers de la colonne pour la hauteur du piédeftal. Telles font les grandes divifions, fubdivifions, des parties principales.

Piédeftal.

La hauteur du piédeftal qui eft le tiers de la colonne, fe fubdivife en fept parties; la bafe en a deux, le dé quatre, la corniche une.

Colonne.

Le demi diametre pris au bas du fuft de la colonne, fait la hauteur de la bafe; en obfervant que le filet fait partie du bas du fuft, ainfi que l'aftragale fait partie du haut.

Le chapiteau de l'Ordre Tofcan, celui de l'Ordre Dorique ainfi que celui de l'Ionique, s'établiffent de même hauteur, & ont un demi diametre; quant au chapiteau des Ordres Corinthien & Composite, il a le diametre entier.

Entablement.

La hauteur destinée à l'entablement se subdivise en quatre parties, dont une pour l'architrave, les trois autres divisées en deux donneront moitié pour la frise & moitié pour la corniche.

Par cette opération fort simple on a toutes les hauteurs. Il s'agit de former les masses & saillies, sans oublier que les moulures en général ont de saillie ce qu'elles portent de hauteur.

Le diametre de la colonne étant décidé, comme nous l'avons dit, prenons-en la moitié que nous appellerons module & que nous placerons à droite & à gauche de notre perpendiculaire DD, au-dessus de la base; alors, ce sera le bas du fust de la colonne E. Voulez-vous la largeur du haut du fust F, supprimez un sixieme du module, portez le surplus à droite & à gauche de votre axe B, vous aurez le point que vous cherchez : la colonne devant être plus foible en cette partie qu'en celle du bas. Cette opération faite, divisez en trois la hauteur de votre fuft; élevez parallellement à votre axe, & cela, à droite & à gauche des lignes qui formeront le bas du fuft, jufqu'au tiers : de ce tiers G, tirez une ligne aux points F F, haut du fuft de la colonne, & vous aurez tout votre fuft tracé.

Pour former la maffe de la faillie de la bafe, prenez un module & un cinquieme, placez-le fur votre ligne horifontale, du bas de la bafe, tel que K, tirez de ce point à celui du bas du fuft une diagonale, vous aurez la maffe de votre bafe.

Il en fera de même pour le chapiteau en obfervant de ne mettre pour faillie qu'un module & un fixieme : de ce point & de celui du haut du fuft, tirez une diagonale L, vous aurez la maffe du chapiteau.

Voulez-vous la maffe des entablemens ? Obfervez que le bas de l'architrave A, ainfi que la hauteur totale de la frife B, font à plomb du haut du fuft de la colonne : alors, en mettant un cinquieme de module en faillie pour le haut de l'architrave, & des deux points, 1 & 2, tirant une diagonale, on a la maffe de l'architrave.

A l'égard de la frife, nous avons dit qu'elle étoit dans toute fa hauteur à plomb du haut du fuft ; en conféquence, tirant de ce point une parallele à l'axe, on aura toute la frife formée.

Quant à la corniche, il faut lui donner autant de faillie qu'elle a de hauteur, ce qui fe trouve aifément en prolongeant la ligne de la frife : de ce point mettant la hauteur en faillie, & de celui du haut de la frife tirant une diagonale, on aura la corniche formée en maffe.

Pour le piédeftal qui eft, comme il a déjà été dit, le tiers de fa colonne, on en divife la hauteur en fept parties. La bafe en a deux ; le dé en a quatre & la corniche une.

Le dé eft à l'aplomb de la plus grande faillie de la bafe de la colonne, en conféquence ce font deux lignes à tirer de ces points, & on aura la maffe du dé. La naiffance des faillies de la bafe & de la corniche prend de celle du dé, & ajoutant un quart de module à la ligne de base, d'après le nud du dé, & tirant une diagonale des points 5 & 6, on aura la masse de la base.

Il en sera de même, si on donne à la corniche un tiers de module de saillie, & qu'on tire une diagonale du point 7 au point 8, naissance du dé.

Telles sont les masses, tel est l'ensemble de tout Ordre.

Il semble que nous pourrions entrer ici dans la subdivision de chacune de ces masses ; mais nos opérations élémentaires une fois connues suffisent pour faire sentir l'ensemble, le rapport & l'harmonie des Ordres d'Architecture, qui doivent servir de principes & de base pour les proportions de tout édifice auquel on voudra donner une décoration non hasardée, & qui plaira réellement. On peut même assurer qu'on n'approchera du beau réel, qu'autant qu'on aura observé ces dimensions générales.

Pour bien connoître les subdivisions des différens membres, on peut avoir recours aux Auteurs qui en ont traité, & qui ont fait des cours particuliers & complets.

Le Traité que M. *Potain* nous a donné depuis quelques années pourra servir de modele, il est réfléchi, fait avec goût; on y reconnoît le véritable Artiste.

ORDRE TOSCAN.

On peut étudier, avec avantage, dans l'Ouvrage que je viens de citer, l'Ordre Toscan : la base de la colonne en est simple, belle ; le chapiteau y répond : tout l'entablement en est mâle, & quoique dénué d'ornement, son ensemble plaît, satisfait la vue ; c'est un beau simple désignant la force & la solidité, qui font le caractere de cet Ordre.

ORDRE DORIQUE.

On verra avec plaisir l'entablement de l'Ordre Dorique. Sa frise est décorée de triglifes & de métopes. Ces derniers, parfaitement quarrés & dans lesquels on pratique des ornemens, répandent de l'élégance & forment un ensemble riche & mâle. La corniche avec mutules, à l'aplomb des triglifes & couronnés d'un talon, donne beaucoup d'avantage à cet Ordre, ainsi que le filet & les gouttes qui font dans l'architrave à l'aplomb des triglifes. Quelquefois dans la corniche au lieu de mutules, on met des denticules; mais soit mutules ou denticules, il faut toujours que les uns ou les autres se trouvent à l'aplomb du milieu de la colonne.

ORDRE IONIQUE.

On considérera avec satisfaction le chapiteau de l'Ordre Ionique. Le développement & l'enroulement de ses volutes ont de la grace; il caractérise l'Ordre dont nous parlons; la base attique lui est affectée, c'est la plus belle que nous ayons, souvent même on l'emprunte pour l'Ordre Corinthien & pour le Composite. Cette base dans l'accord de ses parties peut s'assimiler à celui de la tierce & de la quinte de la Musique, ainsi que l'observe très-savamment M. Ouvrard. En effet le premier tore, la scotie, & le second tore semblent produire à l'œil ce que les tons de *sol*, *si*, *re*, font à l'oreille. C'est le même calcul. Les filets sont comme les passages & ports de voix. On place des modillons dans la corniche de l'entablement de cet Ordre, on y met des
denticules,

DE L'ARCHITECTURE.

denticules, & quelquefois même l'un & l'autre. On taille souvent différens ornemens dans les moulures; cet Ordre admet de la richesse dans la frise : on y place des rinceaux d'ornemens ; quelques Architectes même en font la frise bombée, ce qui n'est pas toujours exempt de critique. Quand les moulures de la corniche de l'entablement sont enrichies d'ornemens, celles de l'architrave le sont aussi. Mais on observera que jamais on ne pratique d'ornemens sur les filets, ils doivent toujours être lisses, & avoir les arrêtes bien vives; de sorte qu'on peut regarder comme regle générale, qu'il faut que les ornemens & les corps lisses soient alternatifs : c'est-à-dire, quand on emploie les ornemens, il doit y avoir une moulure lisse & une taillée, ce qui donne du repos à la vue & s'oppose à la confusion.

L'Architecture est comme une belle femme, elle doit plaire par elle-même, il lui faut peu d'ornemens.

On observera cependant que, si l'on emploie des ornemens dans la corniche de l'entablement, il faut en tailler quelques-uns dans differens membres de l'architrave, mais avec

C

modération, & seulement pour qu'il n'y ait pas trop de contraste entre la corniche & l'architrave. Un beau vêtement a toujours sa parure assortie.

ORDRE CORINTHIEN.

Quelle beauté ! quelle élégance n'offre pas le chapiteau de la colonne Corinthienne ? Les premieres feuilles d'achante s'y développent avec majesté, les secondes avec harmonie, relativement au premier rang. Les caulicoles soutiennent avantageusement le tailloir. Que leur naissance est heureuse ! Que ce chapiteau est bien couronné ! C'est à juste titre qu'il a fait l'admiration de tous les siecles. Le fust sur lequel il est porté lui est analogue, il annonce par sa hauteur la magnificence du chapiteau qui le couronne ; la base est riche, elle tient de l'attique, mais elle a moins de noblesse ; aussi de préférence on emploie souvent la derniere.

L'entablement comporte des modillons & des denticules : on observe de distribuer les modillons, de façon que les caissons qui en remplissent les espaces soient parfaitement quarrés, & qu'il y ait toujours un modillon & une denticule à l'aplomb de chaque colonne; le milieu du caisson se décore par une rosace qui tient de la nature de la feuille du chapiteau : tantôt ce sont des feuilles d'achante, tantôt des feuilles de persil, tantôt aussi des feuilles dessinées en forme de palmes. Le dessous des modillons est aussi orné d'une de ces feuilles; mais dans tous les cas, c'est celle dont on se sert dans le chapiteau qui décide de la nature de celle qu'on emploie dans le reste. Le sophite de cette corniche d'entablement fait un bel effet : l'harmonie y regne; les moulures de cette corniche peuvent être taillées d'ornemens, ainsi que la frise & l'architrave, comme nous l'avons dit pour l'Ordre Ionique, en observant les mêmes principes, & faisant attention que les ornemens de la frise doivent être en bas reliefs, & ne pas excéder, dans leur plus grande saillie, la premiere moulure de la corniche.

ORDRE COMPOSITE.

L'Ordre Composite est formé, comme il a déjà été dit, de l'Ordre Ionique & du Corinthien.

Le chapiteau de la colonne tient de ces deux Ordres; il a les volutes de l'Ordre Ionique & les feuilles du Corinthien. L'enſemble en eſt riche, mais bien inférieur à celui des deux autres, relativement à cette nobleſſe naturelle ſur laquelle la ſimple vue décide. C'eſt une étoffe qu'on a cherché à embellir, & qui, par trop de ſoins, ſe trouve ſurchargée. La baſe laiſſe appercevoir le travail & l'art, & conſéquemment elle eſt inférieure en beauté à celle des deux Ordres précédens.

Dans la corniche de l'entablement il y a des modillons doubles & des denticules entre les modillons; dans le ſophite du larmier on pratique des caiſſons, c'eſt une imitation du Corinthien, ou plutôt une copie dans laquelle on s'eſt permis des changemens. Trop de richeſſe nuit à l'harmonie; un excès de parure ſied rarement; l'Art ne doit pas ſe montrer à découvert. Malgré les efforts qu'on a faits juſqu'ici, l'Ordre Ionique & le Corinthien ſont des modeles de beauté, ils ont des caracteres fixes & décidés, ce ſont des originaux non-ſuſpectés. Celui-ci a une nature mixte & difficile à définir. Si les ſenſations qu'il excite ne sont pas équivoques, elles sont moins délicates. Ce ne peut être que l'ensemble & la distribution d'un plan complet qui les fasse valoir : quoi qu'il en soit, cet Ordre annonce la plus grande richesse, mais moins entendue que dans l'Ordre Corinthien. Il est des cas où la somptuosité triomphe, c'est à la prudence de l'Artiste à bien sentir le caractere de décore dont il peut avoir besoin. L'objet, la destination, le lieu même doivent le décider.

D'après ce que nous venons de dire, sommes-nous au dernier terme de l'Architecture ? Emules des Grecs & des Romains, pourquoi en qualité de Français n'envierions-nous pas un Ordre qui caractérisât la Nation ? Qu'il nous soit permis de hazarder quelques idées sur cet objet.

IDÉE D'UN ORDRE FRANÇAIS.

On a cherché depuis long-temps à inventer un Ordre Français. Plusieurs Architectes ont montré du goût dans les soins qu'ils se sont donnés pour y parvenir; mais leurs efforts n'ont produit jusqu'ici qu'un composé des Ordres connus. C'est dans les ornemens & dans les formes qu'il faut chercher cette nouveauté plutôt que dans les proportions générales. En effet, donner, par exemple, plus de dix diametres de hauteur à la colonne, c'est lui prêter une légéreté qui détruit l'harmonie, c'est la faire ressembler au roseau incapable de supporter aucun poids ; c'est blesser par conséquent un des principes les plus essentiels, l'idée de solidité que doit avoir toute construction.

Le but de l'Art est de mettre la vie des hommes en sûreté dans leurs habitations, avant de les leur rendre agréables.

Ne pourroit-on pas cependant employer dans cet Ordre des proportions mixtes ou participant des deux différens Ordres, comme on emploie les demi-tons ? C'est une question à résoudre, & sans doute assez délicate, parce que la grande harmonie de la progression des Ordres par parties aliquotes étant interrompue, le résultat devient douteux & l'effet incertain. Il paroît qu'on ne peut varier que dans les ornemens & les hauteurs. Mais pourquoi ne pas étendre ses desirs, & donner essor à l'imagination, en sortant des bornes ordinaires ? Attendons à ce sujet de ces entreprises heureuses & hardies. Quelques chapiteaux déjà proposés semblent les annoncer ; rien de plus ingénieux que celui que Perrault a destiné à l'Ordre Français ; les masses sont à peu près les mêmes que celles de l'Ordre Corinthien. Mais les attributs en changent le caractere.

L'astragale du haut du fust étoit taillé en perle, & faisoit la base d'une couronne en fleurs de lys dans son pourtour ; au lieu de feuilles on avoit employé des plumes de coq, oiseau symbole du Français. Les cordons des différens Ordres pendoient, en forme de guirlandes, des caulicoles ou volutes, & au lieu d'un fleuron dans le milieu du chapiteau, c'étoit un Soleil qui rappelle la devise, *nec pluribus impar.*

L'idée est ingénieuse, mais l'ensemble n'est enfin qu'un chapiteau composite, rien de nouveau dans les proportions, conséquemment point de sensations qui caractérisent un nouvel Ordre.

Il est des bornes que l'esprit ne franchit plus, en suivant les routes déjà frayées. Certains écarts peuvent occasionner de nouvelles découvertes ; il s'échape quelquefois à travers les nuages des rayons de lumiere ; un génie subtil peut les saisir, & la noble émulation en perfectionner les avantages.

DE L'ART DE PLAIRE
EN ARCHITECTURE.

DE justes rapports dans toutes les parties forment l'harmonie, & de l'harmonie dépend l'unique & le vrai moyen de plaire dans l'Architecture. Nous avons déjà rapproché cet Art de celui de la Peinture, & la Peinture elle-même n'a établi ce grand principe que d'après la nature qu'elle étudie sans cesse. Tout ce qui plaît dans la nature nous charme par l'harmonie qui y regne, nous séduit par le juste rapport des parties de chaque objet, & le chef-d'œuvre est d'agir par les mêmes moyens qu'elle.

C'est donc (dans l'Art dont il est question ici) l'analogie & le rapport des proportions, l'heureux accord des plans, des masses, des élévations, celui de chaque partie avec son tout, les caracteres de grandeur, de magnificence, de noblesse, de grace, de simplicité, &c. qui doivent obtenir l'approbation générale, & causer ce plaisir, cette jouissance intellectuelle, le but le plus satisfaisant des Beaux Arts.

Une premiere proportion prise dans la destination d'un édifice ou d'un appartement, établit toutes les autres.

Le lieu sur lequel le bâtiment est élevé, décide d'une grande partie de ses proportions:

La grandeur & la masse d'un édifice doivent se régler sur l'étendue du lieu. Un petit bâtiment sur un grand espace feroit un effet désagréble, dans le cas sur-tout où il serviroit de réunion. Une grande partie à côté d'une trop petite ne peut se soutenir, de même qu'une petite à côté d'une trop grande. Gardez-vous, par exemple, de donner une grande élévation & de fortes masses à la maison, lorsque vous n'avez pas une cour proportionnée. Des édifices trop simples, trop peu élevés, & sur une même ligne, sont désagréables & monotones. Si quelque prétention se joint à ces premiers défauts d'ensemble, le bâtiment en paroît plus ridicule : nous le voyons dans l'ordre de la nature. Il faut dans une femme qui cherche à plaire, que la proportion des par-

… du corps autorise & soutienne sa parure.

Pour que l'œil soit satisfait, un équilibre de dimension devient aussi indispensable, qu'une juste pondération pour qu'un corps vivant se soutienne.

S'il existe une beauté attachée à chacune des parties dont je viens de parler, il y en a alors jusquesdans les détails même. Le trait, le contour les profils, les accessoires, les ornemens, tout a sa perfection & son caractere particulier. Ces beautés méditées & employées à propos, produisent une sensation analogue à l'objet, & par conséquent celle qu'on doit se proposer d'exciter. Les jours, les ombres distribués avec art dans une composition d'Architecture, concourent à l'effet & à l'impression qu'on veut produire, ils déterminent la réussite.

Un édifice très-éclairé, bien aéré, lorsque tout le reste est parfaitement traité, devient agréable & riant. Moins ouvert, plus abrité, il c'e un caractere sérieux : la lumiere encore plus interceptée, il est mystérieux ou triste. De même dans les détails des distributions, une suite de divisions relatives les unes aux autres, assure le caractere général. De grandes pieces ne doivent pas être précédées par de petites.

Il en est de même des jardins : sans vouloir gêner leur étendue, disons que les allées principales, les parterres, l'esplanade enfin doivent être en raison de l'édifice qui y commande. Sans parler des longueurs, il s'agit principalement des largeurs. S'il étoit cependant question d'un point de vue pour une allée principale, il lui faudroit plus d'ouverture, & la meubler en conséquence avec tous les agrémens possibles. C'est un accord général qui flatte & qui fait en même temps la base essentielle de l'édifice. Il faut que tout concourre au même but, comme dans une décoration de Théatre, où tout est relatif.

Les pieces principales d'un appartement doivent être en conséquence des dehors, nous l'avons dit ; mais il est nécessaire d'ajouter qu'il leur faut un rapport entr'elles dans la superficie, dans la hauteur des planchers, enfin dans la décoration : la marche de cette derniere partie est prescrite, mais elle est fine & délicate, elle exige beaucoup de goût &

… de prudence. On doit passer de la simplicité à la richesse. Le vestibule alors est moins orné que les antichambres, les antichambres moins que les sallons & les cabinets, &c.... Chaque piece doit avoir son caractere particulier. L'analogie, le rapport des proportions decident nos sensations; une piece fait désirer l'autre, cette agitation occupe & tient en suspens les esprits, c'est un genre de jouissance qui satisfait.

Trop de richesse appesantit; si la vanité en est flattée, on s'en lasse aisément. L'or fatigue même par son éclat. La sculpture multipliée tombe dans la confusion. Les glaces en trop grand nombre & mal placées rendent un lieu triste, appellent la mélancolie. Narcisse s'est épuisé à force de se contempler dans le cryftal des eaux.

Il ne faut rien moins qu'un goût fin & délicat pour employer les richesses avec ménagement, avec cet art enchanteur dont l'Artiste habile sait cacher toutes ses ressources. On lui impute les torts, s'il ne remplit pas son objet. En effet lui seul choisit, place, combine; mélange; lui seul prescrit les formes; assigne les convenances, fixe les degrés d'expression, & détermine le caractere.

C'est la maniere de placer chaque chose qui en fait le mérite, & qui donne la grace & la valeur. Le goût seul tire des objets les plus simples les effets les plus séduisans, comme un habile Sculpteur fait sortir un chef-d'œuvre de la matiere la plus commune. Les petits talens s'attachent à la richesse des matieres, & croient que l'éclat ajoute un mérite à leur production; ils se trompent: c'est la noblesse de l'ensemble, c'est la beauté des détails qui frappent, qui captivent & enchantent nos sens. Les beautés pour nous plaire n'ont besoin que d'elles-mêmes; l'intérêt & le plaisir qu'elles font naître résident dans elles seules. La plus grande satisfaction consiste à trouver chaque chose dans la place qui lui est propre.

Les ornemens doivent donc être ménagés & placés avec goût; on ne peut trop combiner leur genre, leur caractere, & la nécessité de les employer.

Il en est de même des tableaux, ils ne conviennent pas par-tout: un superbe Michel Ange, un magnifique Raphaël perdroient de leur beauté, s'ils n'étoient placés à propos & à leur jour. Nous dirons plus, la grandeur du tableau, son genre, le sujet même doivent être relatifs à la piece où il se trouve, & il convient enfin qu'on puisse croire qu'il a été fait pour le lieu.

Il n'en est pas d'un appartement comme d'un cabinet ou d'une galerie de tableaux; chaque endroit comporte son objet; à son aspect on doit juger de son usage; l'expression, l'empreinte du caractere en décide: c'est à la délicatesse à tenir la balance, au goût à peser, & au bon sens à décider.

Telles sont les loix générales, tant pour les dedans que pour les dehors: pour la beauté & l'ensemble des appartemens complets, il faut céder aux grandes enfilades & aux superbes percées; on y ajoute beaucoup par le moyen des glaces qui multiplient les objets & suppléent aux points de vue.

La symmétrie ou plutôt les répétitions & les vis-à-vis sont essentiels; si d'un côté il se trouve une glace, il en faut une de l'autre qui ait les mêmes dimensions & les mêmes encadremens. On suivra le même principe pour les tableaux;

on n'en peut pas placer d'un côté qu'il n'y en ait de l'autre, en faisant attention qu'ils ayent les mêmes grandeurs, & qu'ils soient renfermés dans des bordures semblables.

Ayez le plus grand soin que les milieux soient occupés par des objets principaux & du même genre. On ne trouvera pas extraordinaire qu'une table de marbre au-dessous d'une glace figure avec une cheminée; mais dans ce cas, il faut le même genre de dessin, le même caractere, & les marbres semblables; rien n'est plus choquant que les contrastes; ils sont aussi désagréables à la vue qu'un vice de proportion; c'est un défaut d'harmonie.

Ne pourroit-on pas, en pareille occasion, pratiquer ce que nous avons vu réussir ? Au lieu de console au chambranle de cheminée, nous avons placé des gaines isolées qui portent la traverse & se répetent avec grace dans une glace encadrée par le marbre qui forme pilastre, ce qui donne un jeu étonnant à tout l'ensemble. La table de marbre vis-à-vis est portée par de pareilles gaines, & derriere est une glace qui tombe jusqu'à terre. On ne voit alors qu'une espece d'autel isolé, orné de candélabres,

délabres, on le croiroit consacré à la Déesse des jardins par les fleurs & la richesse des vases qui les contiennent.

Ecartons pour un moment ces moyens ingénieux qui peuvent produire les grands effets ; réservons-en la description, lorsqu'il sera question d'émouvoir l'ame, d'exciter les sensations; cherchons ceux de plaire dans les édifices, & d'en établir les loix les plus générales.

Les corniches donnent l'ensemble dans les lieux où elles sont employées ; elles décident la réussite; celles qui sont intérieures sur-tout, font l'ornement essentiel des pieces où elles sont placées, elles en forment le caractere ; c'est leur proportion, c'est la combinaison de leur moulure, leur beau profil, leur agréable contour & leur accord qui nous captivent & nous séduisent par l'harmonie. C'est aussi le rapport de la hauteur & de la saillie avec la grandeur & l'étendue de l'endroit où elles sont placées ; c'est à leur plus ou moins de prononcé, relativement à la distance d'où elles sont vûes, que l'on doit la réussite de tout un appartement : rien ne peut remplacer

D

le manque d'harmonie d'une corniche avec la piece où elle se trouve placée. Qu'on ne s'y trompe pas ; souvent dans le lieu le plus artistement rangé pour les meubles, pour les glaces, pour les percés, il semble qu'il manque quelque chose ; on désire : qu'on jette les yeux sur la corniche, on en trouvera la raison ; c'est qu'elle n'est pas en rapport avec l'étendue de la piece, ou elle est trop grande, ou elle est trop petite, elle n'a pas assez de saillie, elle est trop ou trop peu chargée d'ornemens, ces mêmes ornemens ne lui sont pas analogues, ne sont pas relatifs au genre & au caractere de l'endroit : il ne faut qu'un rien pour rompre l'accord & suspendre l'émotion. Qu'on y fasse donc l'attention la plus sérieuse, c'est la partie que l'on doit le moins négliger, elle fait l'encadrement du tout, elle doit avoir un genre, un caractere propre, & être marquée au coin du bon goût. Quel est donc cet ensemble de masse ? quelle est la proportion la plus convenable ? Voici le principe d'après lequel on peut partir.

La corniche est le douzieme de la hauteur de la piece où elle se trouve, en observant

DE L'ARCHITECTURE.

d'ailleurs de lui donner, suivant la circonstance, un cinquieme ou un quart de saillie de plus que cette même corniche n'a de hauteur. Cette remarque est pour les dedans seulement, car pour les dehors la saillie doit être toujours égale à la hauteur. Cette saillie plus grande que la hauteur donne au-dedans plus de légéreté; les membres en sont plus allongés, les doucines plus agréables, le tout est plus d'accord. Si on y met de la dorure, elle se développe davantage, l'ensemble en est plus précieux & paroît plus riche; la raison en est physique, la plupart des corniches intérieures ne se voient presque jamais à l'angle de quarante-cinq degrés, c'est-à-dire, à une distance égale à celle de la hauteur; de-là on doit suivre la regle que nous donnons pour satisfaire l'œil, & par ce moyen obvier au défaut de distance de quarante-cinq degrés, qui est le point le plus convenable pour voir ce qui est en saillie. Il est encore une autre cause; elle nous vient des ombres que doit recevoir tout morceau d'Architecture pour se dessiner agréablement. Cette regle qu'on observe dans la Peinture est celle que la perspective nous prescrit. Ainsi en ont usé nos célebres Artistes dans l'intérieur des lieux qui frappent au premier coup-d'œil.

Un Appartement ne peut plaire si l'on s'écarte de cette loi générale : c'est en vain que l'on compteroit sur les ornemens pour rendre chaque membre plus ou moins léger, ils deviendroient inutiles, & ne pourroient que produire un ridicule. Les ornemens ne doivent pas être prodigués, ils sont comme le sel pour les ragoûts, c'est à la prudence seule à en disposer.

Le goût du *vrai beau* n'est qu'un ; il tient à la nature toujours égale dans sa marche : nous ne mettrons pas au nombre des ornemens ces masses vagues, baroques, qu'on ne peut définir, & que nous nommons *chicorée* : écartons ces extravagances gothiques, quoiqu'il n'y ait pas encore une dixaine d'années qu'on s'en servoit, & que malheureusement elles aient été en usage parmi nous pendant plus de trente-cinq ans. On ne conçoit pas comment on a pu se laisser séduire par un genre qui ne doit son existence qu'à une imagination déréglée (1). Peut-être nous y sommes-nous

―――――――――――――――――――――
(1) C'est le sieur *Pineau*, Sculpteur, qui a introduit ce

laissés entraîner par l'esprit de nouveauté, peut-être aussi par la facilité de faire du baroque. Toute forme étoit permise ; pourvu qu'elle papillotât, on étoit content : point d'harmonie, point d'accord, point de simétrie. Que les moulures grimassassent sous une forme extraordinaire, qu'elles fussent rachetées par un misérable cartel renversé & fortement rocaillé, tout étoit bien ; c'étoit un chef-d'œuvre. Une plante Chinoise, nom qu'on donnoit à un ornement qu'on ne pouvoit définir, & dont le hasard seul de la coupe du bois faisoit naître l'idée, rallioit des moulures & faisoit des milieux : enfin plus un ornement paroissoit s'écarter de la forme naturelle, plus il sembloit précieux : tels ont été dans la peinture les égaremens où sont tombés les *Vatteau*, les *Callot*, & dans la Littérature ce genre burlesque qui mit en vogue *Scarron* & ceux qui l'imiterent. Ce sont de ces maladies éphémeres & de ces dépravations de goût sur les-

---

genre singulier & purement de caprice. Cet Artiste avoit cependant beaucoup de talent une grande facilité pour dessiner, & étoit fort occupé. Il est triste pour les Arts qu'il ait pris une maniere aussi frivole & peu raisonnée.

quelles on ne peut être trop en garde. Pour donner du nouveau, il ne faut pas s'écarter de la belle nature. Auſſi, que d'étude, quelles peines, quels ſoins ne faut-il pas pour parvenir à former un bel ouvrage en tout genre ! L'hiſtoire nous rapporte que, pour faire l'Hélene d'Athenes, on a choiſi dans la Grece juſqu'à trois cens des plus belles filles. Que ne font pas nos Artiſtes, lorſqu'en Peinture ou en Sculpture ils ſont pouſſés de la noble émulation de mériter l'eſtime publique ? Combien de modeles différens leur faut-il, ſoit pour la tête, ſoit pour le corps qui ſouvent ſe ſubdiviſe en autant de parties qu'il y a d'aſpects ! C'eſt la jambe ; c'eſt le pied, ſouvent le ſeul développement des doigts fait déſirer un nouveau modèle.

Les habiles gens ne doivent ſaiſir la nature que dans ſon *beau*. Les attitudes outrées ſont évitées par les ſavans Artiſtes ; ils ſont ſoigneux à fuir la nature contrefaite. Le *beau* n'eſt qu'un : il s'agit de tendre à ce point : on ne le trouvera que dans la pureté des proportions & dans leur harmonie ; le Génie ſeul peut y conduire. C'eſt un rayon de la Divinité, dont la moindre lueur porte l'empreinte d'une source enflammée. Efforçons-nous, par des recherches multipliées & par nos réflexions, de nous former le goût ; souvent il développe & rectifie le Génie, souvent même il le décide & le détermine.

Telles sont les regles générales de *l'art de plaire* en Architecture : passons aux particulieres.

DÉCORATION
EXTÉRIEURE.

LA véritable harmonie en Architecture dépend de l'accord des masses & de celui des différentes parties, le style & le ton doit se rapporter au caractere de l'ensemble, & l'ensemble doit être pris dans la nature, dans l'espece & la destination de l'Edifice qu'on veut élever.

Cette partie de l'Architecture que nous nommons la convenance, est déterminée, & s'acquiert moins par l'étude des regles que par la parfaite connoissance des mœurs, des usages du siecle, & du pays où l'on vit. Quoi qu'il en soit, hasardons-en les loix générales, le goût les développera, l'expérience les confirmera. Au surplus, ce sera un sujet de réflexions qui nous fera tendre à la perfection par une route plus facile.

Commençons par les masses de l'édifice. C'est de leur proportion, c'est de leur rap-

DE L'ARCHITECTURE.

port entr'elles que naissent cet ensemble juste, ce bel assortiment, enfin cette douce harmonie, sans lesquels on ne peut rien faire de satisfaisant.

Pour y parvenir, il faut éviter dans les masses les trop petites parties ; elles jettent la confusion, l'accord est détruit, il n'y a plus de proportion, elle est vague & douteuse, elle ne produit pas ce qu'on en pourroit attendre. On doit regarder comme un principe certain qu'il ne sauroit y avoir de proportion entre des grandeurs incommensurables, & que les belles proportions en général sont celles qui se trouvent fondées sur des rapports justes, immédiats & très-sensibles. Ne vous permettez aucune négligence : la négligence des principes de l'union est une source réelle de confusion ; les yeux en sont choqués, ainsi que les oreilles peuvent l'être par un faux ton de musique. Le véritable Artiste ne peut y apporter trop d'attention ; s'il est exact observateur, il verra dans chaque forme des différences qui la distinguent de toute autre ; il s'appercevra que, s'il veut un édifice qui puisse produire une scêne douce & tranquille, il doit unir les masses qui ne different pas trop entr'elles ; il reconnoîtra qu'il ne leur faut pas trop de jeu & de saillie, que dans le tout il doit régner un ton de tranquillité, de majesté ; des contrastes de lumieres & d'ombres bien ménagés ; l'excès des uns & des autres y nuiroit. Le caractere de la douceur ne se fait jamais mieux sentir que lorsque les ombres deviennent plus foibles en s'allongeant.

Dans un genre de bâtiment où il faudroit plus d'âpreté, la succession sera moins réguliere, & les transitions plus fréquentes.

Veut-on distinguer un édifice par sa simplicité ? on évitera la quantité de divisions. S'agit-il d'en élever un autre sans aucune prétention à' l'élégance ? on ne le rendra pas moins remarquable par une apparence de richesse & un air de profusion que lui donnera la multiplicité des masses & des divisions. Un édifice qui doit porter le caractere de la vivacité, de la gaieté, s'embellit par les mêmes moyens; quelques bandeaux, quelques corniches en font le supplément & les nuances différentes.

Des effets trop durs produits par des corps trop faillans, des impreſſions trop vives cauſés par le contraſte de la lumiere & des ombres, enfin tout ce qui ſemble partir d'un effort peu meſuré trouble la jouiſſance d'une ſcêne deſtinée à l'amuſement & au plaiſir.

Le caractere majeſtueux, lorſqu'il eſt le plus tranquille, n'eſt jamais languiſſant. Dans un édifice de cette eſpece, il regne un juſte milieu : l'harmonie doit ſe trouver dans toutes les parties ; de magnifiques objets, grands par les dimenſions & par le ſtyle, ſuffiſent pour remplir l'ame & la ſatisfaire ; ce n'eſt que lorſqu'ils ne ſe trouvent pas en aſſez grand nombre, qu'on peut avoir recours aux ornemens propres & relatifs à la belle Architecture ; ce ſont des richeſſes qu'on peut employer ; mais il faut y apporter beaucoup d'art, un grand ménagement & une prudence entiere.

Le genre terrible eſt l'effet de la grandeur combinée avec la force. On peut comparer la terreur qu'inſpire une ſcêne de la nature à celle qui naît d'une ſcêne dramatique ; l'ame eſt fortement ébranlée, mais ſes ſenſations ne font agréables que lorfqu'elles tiennent à la terreur fans avoir rien de choquant. On peut employer les reffources de l'Art pour rendre ces fenfations plus vives ; il s'agit de développer les objets dont la grandeur eft le caractere, & de donner plus de vigueur à ceux qui fe diftinguent par la force; on marquera avec foin ceux qui impriment la terreur, en jettant çà & là quelques teintes obfcures & propres à infpirer de la trifteffe. Les avant-corps faillans font un des moyens dont on peut f' fervir; quelques percés qui fe terminent fur un endroit fombre & obfcur, où la vue puiffe à peine pénétrer à travers les ténebres, feront une vraie reffource : d'un autre côté on laiffera appercevoir, fi l'occafion le permet, de ces lointains vagues & non déterminés, où il ne fe préfente aucun objet fur-lequel la vue puiffe fe repofer. Rien de plus terrible, l'ame eft étonnée, elle frémit. Les maffes fieres & hardies, fur lefquelles les yeux ont été fixés d'abord, l'ont préparée à cette fenfation. L'Océan lui-même, par fa majefté, nous dédommage à peine de fon immenfité. En effet,

DE L'ARCHITECTURE. 61

pour qu'il forme une perspective agréable, il faut qu'on puisse appercevoir à une distance médiocre un rivage, un cap, une isle : ces objets variés donnent au tout la figure & la vie.

On ajoute au genre terrible par quelques ornemens relatifs : cependant, qu'on ne s'y trompe pas, ces accessoires serviront à désigner le caractere, mais ne lui donneront pas l'expression ; cette empreinte distinctive est due à des qualités majeures que rien ne peut suppléer.

La grandeur est essentielle au genre terrible, ainsi que les masses fieres & marquées sont l'apanage du majestueux.

Sommes-nous placés sur le bord d'une riviere, la simple agitation de l'eau engourdit nos sens, nous endort ; plus de rapidité nous réveille & nous anime ; si cette rapidité est portée à l'excès, elle jette l'alarme dans nos sens ; c'est un torrent dont le fracas, la force & l'impétuosité inspirent la terreur, sensation étroitement liée avec la sublimité, soit qu'on la regarde comme cause ou comme effet.

Telle est la marche de nos sensations, la proportion d'une partie au tout détermine la situation naturelle d'un objet, indique son espece, & donne le style convenable à chaque scêne.

On ne sauroit être trop attentif aux masses d'un édifice, à l'effet qu'elles doivent produire dans leur élévation au plus ou moins de lumiere qui en peut résulter; les ombres doivent tempérer les jours, & la lumiere doit tempérer les ombres. C'est dans ce principe que réside la réussite; dans lui seul on peut trouver le *vrai beau*: jusqu'ici on n'a pas fait assez d'attention sur un objet d'aussi grande importance. Si une fois la matiere peut être réfléchie, discutée, la vérité se fera jour, & on en recueillera les plus grands avantages. Cette observation est essentielle, nous le répétons. L'Architecte le plus intelligent ne peut espérer de réussir, qu'autant qu'il aura fait son dessein, en conséquence de l'exposition du Soleil qui éclaire les parties principales de l'édifice à construire. Il faut que, comme un habile Peintre, il sçache profiter des ombres, des lumieres, qu'il ménage ses teintes, ses dégradations, ses nuances, qu'il mette dans le tout un véritable accord, & que le ton général soit propre & convenable; il doit en avoir prévu les effets, & être aussi circonspect sur toutes les parties, que s'il en avoit un tableau à produire.

Comme dans les pieces dramatiques une seule action remplit toute la scêne, il faut de même dans un édifice observer l'unité de caractere, & que cette vérité fixe d'abord l'imagination, en frappant les yeux.

On ne s'écartera jamais des convenances & des bienséances relatives au genre de l'édifice que l'on veut construire.

On mettra dans le tout de l'esprit, de la grace, de la finesse; c'est principalement par ces ressorts que les chef-d'œuvres des Grecs firent les délices de leur siecle. Que tout ait un air aisé & naturel, qu'on ne s'apperçoive pas du travail: il faut, quand le morceau d'Architecture est terminé avec beaucoup de soin, qu'il semble n'avoir presque rien coûté. C'est l'effet du grand Art de ne pas se laisser appercevoir. Mais sur-tout que le bel ordre, le caractere propre, l'harmonie enfin y brillent de toutes parts; qu'on y respire je ne sais quoi de satisfaisant, que l'ame y soit contente, qu'il semble enfin que les graces aient conduit elles-mêmes l'opération. Laissons au vulgaire les froids ornemens, ce sont de foibles moyens. C'est par le grand ensemble qu'on attire & que l'on fixe l'attention ; c'est lui seul qui peut intéresser tout à la fois & l'ame & les yeux.

Le premier coup-d'œil doit nous frapper, il enchaîne nos sens ; les détails, les masses de la décoration, les profils, les jours conduisent à ce but. Les grandes parties, la pureté des profils, des jours ni trop vifs ni trop sombres, de beaux percés, les masses bien cadencées, beaucoup d'harmonie annoncent la grandeur & la magnificence. C'est dans les proportions Corinthiennes qu'on doit trouver ces richesses.

Dans le genre martial, les proportions de l'Ordre Dorique sont celles qu'on suivra ; il faut de la fermeté, le plan doit être sévere.

Desirez-vous inspirer le ton qui convient au Palais de Thémis ? Ce sont les dimensions de l'Ordre Ionique qui viendront à l'aide. Les

corps

corps doivent être moins heurtés que dans le caractere précédent, les jours conséquemment moins brillans & bien ménagés.

La tristesse ou la gaieté dépend des masses plus ou moins resserrées ; c'est circonscrire l'ame, & lui donner la marche que nous dicte la nature. En effet, nous sommes constitués tels, que dans la joie notre cœur se dilate & se perd dans l'étendue. Un lieu bien ouvert, où regne un beau jour, beaucoup d'harmonie, beaucoup d'accord, peu d'ombre, afin qu'il y ait moins de contraste, appellera cet esprit de gaieté qui s'accorde si bien avec la santé.

Voulez-vous cette gaieté folle, ménagez le plus grand jour possible, des masses peu frappantes, de façon que rien ne semble occuper, qu'on puisse jouir sans réflexion; il ne faut aucun objet contrariant. L'Art ne doit y paroître en aucun point, tout doit y avoir une forme aisée, simple & naturelle.

Pour rendre un lieu triste, ce sont les regles à peu près contraires ; le jour doit être sombre, resserré, & former comme des demi-teintes ; il faut des masses simples &

unies, afin qu'il y ait moins de jeu dans le tout ; faites régner la monotonie, pour que l'œil ne puisse s'écarter & se dissiper par la variété des objets.

Un lieu ouvert, différens reflets de lumiere, du jeu dans les ombres, un ensemble de proportions Ioniques, porteront à la dissipation.

Un jour égal, peu vif, qui peut être provoqué par le concours des lignes droites, par celui des masses, ainsi que par celui des espaces étroits, relativement à leur hauteur & à leur longueur, occasionnera le recueillement. La lumiere venant d'en-haut apportera un surcroît de réussite, de faux jours même peuvent être avantageux, une lumiere réflétée produit un grand effet : il est nombre de moyens que nous pouvons tenter, mais aussi que nous ne pouvons trop étudier.

Dans tous les cas il est intéressant de conserver ce majestueux, ce sombre qui doivent caractériser les édifices consacrés à la Religion ; consultons à cet égard nos temples gothiques, contemplons-les avec la plus scrupuleuse attention. Leurs leçons dans ce genre font favantes ; nous pourrions même dire qu'elles font fublimes.

Nous avons annoncé que la grandeur, la magnificenee fe faifoient fentir, fi l'enfemble étoit en raifon des proportions de l'Ordre Corinthien ; mais fi vous employez des jours vifs & brillans, fi vous les multipliez, fi vous renoncez aux maffes larges & fieres, vous vous approchez du genre agréable.

Pour infpirer le refpect, la confidération, on doit recourir au caractere du grand. Obfervez de belles maffes, qu'elles foient bien proportionnées, bien prononcées ; que les profils foient nobles ; ne donnez pas trop de jeu à la lumiere ; que les ombres foient égales, & qu'il y ait un peu de réflet.

Defire-t-on infpirer la volupté, il faut quitter en partie les lignes droites pour le plan, mêlez-en au moins de courbes ; ces formes font confacrées à Venus : la lumiere ne doit pas être trop brillante ; il n'y auroit plus ce ton de myftere qui lui eft propre ; il faut d'ailleurs que la galanterie & la délicateffe y regnent. Les ornemens legers conviennent, placez-les avec goût.

Tels font les principes qu'on peut en général établir pour exciter nos fenfations. Combien de nuances différentes en peut-il émaner ? C'eft au véritable Artifte à les faifir, à les pratiquer.

Revenons fur nos pas ; difons que le paffage même des portes doit annoncer & avoir l'empreinte du lieu où il conduit par le caractere qui lui eft propre, par fa forme & fon étendue ; en général trop de longueur, fi la largeur n'y eft pas relative, le rendra trifte & mauffade. Il faut qu'il ait en dimenfion, depuis le quarré parfait jufqu'au parallélogramme double en longueur de ce qu'il peut avoir en largeur ; fi la longueur étoit forcée au-delà de cette derniere mefure, ce qui arrive fouvent, il faut y pratiquer de droite & de gauche des percés, ne fuffent-ils que feints, c'eft un moyen d'interrompre la trop grande profondeur, & de la rendre plus foutenable ; la loge du Suiffe, les entrées d'efcalier faciliteront ces ouvertures, qui réuffiront d'autant mieux qu'elles feront plus grandes & bien proportionnées. Quelques croifées feintes, fi l'on ne peut faire autrement, en obfervant de les bien symétriser, de les tenir d'une belle proportion, donneront du jeu ; les chambranles, les bandeaux, les corniches & leurs accessoires y apporteront de la richesse. Quelques niches décorées avec goût, placées avec art, & ornées de belles figures, y réussiront très-bien, & par des symboles analogues feront connoître le caractere de l'édifice, & prépareront la sensation.

La *cour* est aussi un objet qui mérite beaucoup d'attention : elle ne doit être ni trop grande ni trop petite : les édifices qui s'y trouvent décident de son étendue ; c'est de leur relation réciproque que part le premier attrait de la sensation. Les édifices plus ou moins élevés sur le même espace forment la gradation de la tristesse à la gaieté, & ainsi des autres.

Pour avoir une cour d'une belle proportion, il faut qu'il y en ait toujours la moitié au moins éclairée du Soleil. A cet effet, on lui donnera une fois & demi en longueur ce qu'elle a de largeur, en observant que cette même largeur ait le double de ce que les ailes du bâtiment ont en hauteur. Mais quelle est la proportion de ces édifices en aile ? Si l'on n'y pratique qu'un rez de chauffée, il faut supposer un Ordre d'Architecture, & alors conserver les proportions qui en peuvent résulter.

S'il y a deux étages, divisez toute la hauteur en six parties, vous en donnerez trois au rez de chauffée, deux à l'étage supérieur, & une à l'entablement.

Voulez-vous trois étages, divisez le tout en quatorze parties ; le rez-de-chauffée en aura cinq, l'étage au-dessus quatre, celui plus haut trois, & l'entablement deux.

Ne poussez jamais la division au-delà de trois étages, vous tomberiez dans le petit ; on ne peut éviter trop soigneusement ce défaut. Si cependant on y étoit forcé, détachez le rez-de-chaussée, traitez-le en forme de sous-bassement, vous lui donnerez la même hauteur qu'au premier étage, & alors toutes les autres subdivisions serviront pour les parties supérieures.

Si la commodité demande un étage d'entresol, faites en sorte qu'il ne soit pas marqué sur la façade, il donneroit un air foible, pauvre, & gâteroit la beauté de l'enfemble.

Telle eft la proportion des édifices avec la cour : obfervons encore que, lorfque fa longueur paffe le double de fa largeur, elle paroît étranglée, à moins qu'on ne lui donne par des avant-corps des formes qui alors contrafteront entr'elles.

Les édifices en aîle ne doivent pas être auffi élevés que l'édifice du fond qui eft réputé être le principal.

Les milieux, foit des aîles, foit de l'édifice principal, doivent être décorés d'avant-corps : ces arrangemens donnent du jeu à tout le plan. Quatre pavillons faillans en place de quatre angles peuvent réuffir. Quelquefois des pans coupés & un avant-corps feront auffi un bel effet. On peut enfin employer différentes formes, différentes maffes, mais on ne peut être trop attentif à leur rapport & à l'harmonie de leur proportion. Ces maffes, ces formes décident le genre, le caractere de la fenfation ; ce font elles qui difpofent & qui donnent le grand effet aux jours, qui font jouer les ombres & deffinent tout le morceau.

Au surplus, la saillie des avant-corps doit être en rapport de la masse des bâtimens & de l'étendue de la cour.

Il ne faut pas que l'entablement fasse d'autre ressaut que celui des avant-corps : alors il forme de belles masses & donne de l'ame au dessin, autrement il fait papilloter l'ensemble, le détruit, le rend mesquin & de mauvais goût.

Les corps & les arriere-corps ne doivent pas être de mesure égale en largeur, ils deviendroient monotones. Les arriere - corps doivent donc être du double des avant-corps, de sorte que, si l'avant-corps a un pied, l'arriere-corps en aura deux au moins, ou trois au plus ; on ne peut s'écarter de ce principe sans pécher contre l'accord.

Ce sont les masses, ce sont les corps & les avant-corps qui concourent à l'effet. Dans les plans ils donnent du jeu, dans les masses ils fournissent la grace, & dans l'élévation ils interrompent la ligne droite & monotone qui termineroit l'édifice & le rendroit fatiguant & ennuyeux. En effet, par le moyen de la perspective, les avant-corps nous paroissent plus élevés que ceux qui forment le fond; alors ils ont l'avantage à nos yeux de se dessiner dans le vague des airs, & d'y tracer la forme de leur plan.

Mais en évitant un défaut, ne tombons pas dans un autre; en multipliant trop les avant-corps dans les plans, le tout ensemble devient maigre & fatigue la vue : il est un juste milieu; le vrai beau ne peut s'en écarter.

Observons encore que tout édifice qui a un peu d'étendue, doit être coupé & interrompu par des hauteurs inégales; ce n'est pas assez d'y dessiner quelques avant-corps, il faut qu'il présente aux yeux du contraste, de la diversité, & qu'il se dessine lorsqu'on l'apperçoit du point d'éloignement, où toutes les parties se confondent, & où il ne reste plus que la masse.

Nous en avons la triste expérience dans la façade du Château de Versailles sur le Jardin; considérez-en la masse & l'ensemble à une distance un peu éloignée, & telle que nous venons de le dire, elle ne produit aucun effet, elle ressemble à une longue & haute muraille, elle en a toute la tristesse & la monotonie. Quelle sensation au contraire n'auroit-elle pas produite, si on l'eût dessinée d'après les idées & les réflexions simples & vraies que nous osons avancer ? Des parties plus hautes les unes que les autres, plus de diversité dans les masses & dans les plans auroient donné le jeu & la vie ; l'accord & l'harmonie auroient formé du tout un ensemble ravissant.

Qu'on y réfléchisse, qu'on consulte les regles de l'Art, on en sera convaincu. Un avant-corps, par une suite de la perspective, paroîtra plus haut que l'arriere-corps ; l'observation decide la question, ainsi que les démonstrations des principes d'optique. En effet, d'un point tirez deux lignes formant un angle quelconque, l'ouverture sera progressivement plus grande à quatre pieds qu'elle ne l'est à deux ; donc le corps le plus éloigné paroîtra moins haut à raison de sa distance.

Rassemblons comme dans un cadre les idées des décorations extérieures.

Observons qu'on ne peut être trop circonspect sur le genre & sur le caractere d'un édifice à construire : quand une fois on est décidé, on ne peut prendre trop de précaution pour ne rien admettre qui ne soit nécessaire. Les plus belles choses sont en danger de déplaire dès qu'elles ne sont pas en leur place, & qu'elles interrompent nos sensations en donnant le change au cours de nos idées.

L'ensemble doit donc avoir une proportion relative à ses différentes parties, au genre & au caractere qu'on veut lui donner : il doit être bien cadencé, bien symétrisé tant en plan qu'en élévation. La droite ne doit pas être plus large que la gauche, & cette derniere partie être différente de la premiere.

Si dans une façade il y a quelques parties plus élevées les unes que les autres, c'est pour l'ordinaire celle du milieu qui doit pyramider & commander aux autres. Dans une longue façade il faut interrompre la ligne droite qui pourroit la terminer, & qui l'empêcheroit de jouer & de se dessiner dans le vague de l'air: autrement elle seroit monotone & ne produiroit aucun effet. Les avant-corps, les arriere-corps fournissent des moyens pour donner du jeu à l'ensemble, & produire cette harmonie si nécessaire au grand art de plaire: en général ce sont les formes des bâtimens qui décident l'effet principal. Une forme commune, d'une proportion peu réguliere, ne produit nécessairement que des sensations désagréables ou choquantes.

On ne peut donc apporter trop de soin dans la composition d'un plan, dans la régularité de ses proportions, dans l'exactitude de ses accords, dans la beauté de ses masses, dans le jeu & les effets de lumieres. Ce sont les jours, les ombres qui décident de la réussite, & contribuent le plus au caractere.

Il est mille manieres de surprendre, de plaire, d'enchanter ; il n'y a cependant qu'un vrai beau ; les sensations nous guident, elles assortissent les nuances.

Etudions la nature ; c'est en la considérant dans l'ensemble de ses parties que l'on parvient à démêler dans le plan général de sa construction cette suite nombreuse de rapports qui, comme autant de chaînons enlassés les uns dans les autres, forment un tout, dont les masses particulieres produisent la véritable harmonie toujours simple, toujours magnifique.

DE L'ARCHITECTURE.

La fécondité du génie qui tire avantage de tout, sait se plier pour plaire par l'élégance de sa forme, par la beauté de l'ensemble, & par le bon gout des ornemens. Quels obstacles ne peut-on pas surmonter ? quels effets ne peut-on pas produire, si à une ame courageuse pour le travail, à un goût pur & naturel, on joint un jugement soutenu par des études profondes & réfléchies.

Au surplus, ce sont des vues que je présente : c'est à ceux qui croiront en avoir besoin, à les suivre, à les étendre, à les perfectionner.

Les jardins donnent beaucoup de jeu aux bâtimens, quand ils sont bien mariés ensemble; quand la partie d'esplanade qui se trouve au-devant est bien proportionnée; quand les parterres sont relatifs, en conservant toujours cette heureuse négligence, cette piquante bisarrerie de la nature dans ses productions; quand l'Art, quoique paroissant abandonné, nous laisse appercevoir de ces agréables & charmans percés à l'extrémité desquels se rencontrent des points de vue délicieux qui excitent la curiosité la plus vive.

Un amateur célebre (1), & digne de la place qu'il occupe, en a parlé si élégamment dans son Livre sous le titre modeste, *d'Essai sur les Jardins*, que nous croyons ne pouvoir mieux faire que d'y renvoyer. Tout y est senti; tout y est prévu, tout y est raisonné & dicté par la délicatesse. Chaque partie affecte & excite sa sensation. On peut dire que ce sont les délices d'un vrai Philosophe; on croiroit, en le lisant, errer au milieu de ces Jardins où les Fées étalent leurs enchantemens; cependant, lorsqu'on y réfléchit, on ne voit rien que de simple & de naturel, tant le vrai a d'empire sur nos sens.

Si on veut regarder ces idées comme un beau songe, on ne disconviendra pas qu'il peut être réalisé, & que l'analyse de ces mêmes idées les rendra plus agréables : leur développement ne peut qu'échauffer notre imagination, & nous mettre à portée de découvrir toutes les sources d'une mine abondante, dont les branches nous procureront le précieux avantage d'émouvoir, de satisfaire nos

---

(1) M. Watelet, de l'Académie Française, &c.

fenfations, de rendre nos demeures analogues à nos goûts, à nos défirs, & aux différens befoins que le luxe enfante chaque jour, tant pour notre fatisfaction perfonnelle que par rapport aux ufages & aux mœurs de la fociété dont nous faifons partie.

DE LA DISTRIBUTION
ET DU DÉCORE.

La distribution intérieure fera le principal objet de notre dissertation. Si tel édifice flatte par les dehors, tâchons que les dedans y puissent répondre : ce sont les parties que nous habitons, elles n'en sont que plus précieuses. Les extérieures ne sont pas moins intéressantes, elles semblent faites pour préparer les esprits, elles inspirent une prévention favorable ou contraire. En effet, ce sont les dehors qui doivent d'abord nous fixer & nous attacher; ils doivent nous indiquer ce que peuvent être les dedans, & à quels usages ils sont destinés. Un temple ne se dessine pas comme un édifice particulier, quelque superbe qu'il puisse être : les dedans & les dehors doivent avoir la relation la plus intime. Ce seroit une faute essentielle que de donner trop de magnificence à l'extérieur, si les dedans n'y répondoient point : il vaudroit

DE L'ARCHITECTURE. 81

droit mieux établir des dehors simples que de les charger de richesses, si les dedans sont négligés. On tombe souvent dans ce défaut, & cependant on ne peut l'éviter avec trop de soin ; il occasionne à peu près la même sensation que si nous voyons sur quelqu'un un habit superbement galonné, & le reste de l'habillement pauvre, rustique & grossier.

Avant d'entrer dans aucun détail, parcourons d'un œil rapide les édifices des anciens Romains, ces vainqueurs de la terre : ils donnoient tout à la décoration extérieure, ainsi que les Grecs, & les dedans n'étoient nullement commodes ; il n'y avoit aucune relation entre chaque piece, le décore du dehors fixoit leur étendue. De vastes galleries faisoient le principal de ces anciens édifices. Que l'on voie la description que *Pline* nous a faite de ses maisons de campagne ? On trouvera dans celle du *Laurentin* une immensité de terrain, beaucoup de somptuosité, une grande magnificence ; mais point de commodités particulieres. Ils savoient profiter seulement de la situation des lieux, des expositions les plus favorables à la santé, & de cette volupté que

F

les hommes sages éprouvent en jouissant d'un air pur & tempéré, suivant les différentes saisons, & malgré l'inconstance même des temps.

On apprendra encore l'Art de profiter en Architecture de tout ce qu'un climat offre d'agréable aux yeux & à l'esprit, suivant sa situation. Dans le grand nombre & la vaste étendue des pieces, il y en avoit où l'on pouvoit jouir de la vue & du bruit même de la mer; d'autres plus retirées au milieu des jardins ne recevoient ce bruit que de fort loin, & que comme une espece de murmure. Dans celles qui n'avoient ni la vue ni le bruit de la mer, on jouissoit d'une paix profonde & du calme le plus doux. Dans ces différentes situations il y avoit des appartemens & des chambres de jour & de nuit, de grandes salles d'assemblées ou de festin, d'autres moins grandes pour la réunion de la famille & d'un petit nombre d'amis pris avec choix. On y verra quelques pieces particulieres, où le maître de la maison pouvoit, par le moyen d'une longue gallerie, s'éloigner de tout son domestique pour travailler & jouir du repos.

Cet ensemble annonce beaucoup d'apparat, une grande profusion & un luxe mal entendu. La grandeur, le vaste & l'usage de chaque piece le feront sentir. En effet, si l'on considere le dehors des édifices du *Laurentin*, on verra qu'ils contenoient d'un bout à l'autre cent soixante-dix toises de face environ; on peut même avancer qu'ils avoient jusqu'à deux cent quarante toises (1), si la partie du logement des esclaves & des affranchis s'étendoit aussi loin que la partie opposée. C'étoit une chose nécessaire pour donner à l'ensemble une symétrie parfaite : il ne falloit pas moins d'étendue, cela est évident si l'on considere que la salle de festin ordinaire avoit dix à onze toises de longueur sur un peu plus de six toises de largeur. La grande cour avoit trente toises sur vingt-quatre, & la petite cour d'une forme circulaire douze toises de diametre. La galerie que Pline lui-même comparoit, pour sa

---

(1) Pour faire connoître cette étendue par comparaison, nous observerons que le Château des Thuilleries a cent soixante-dix toises de face sur le jardin. Nous dirons aussi que le Château de Versailles contient dans toute son étendue sur le Jardin deux cent vingt toises.

grandeur, aux édifices publics, avoit quarante-cinq toises de longueur sur cinq de largeur; une seconde salle de festin de douze toises sur huit, & attenant une chambre de douze toises sur six environ de large, ainsi que le jeu de Paulme.

Qu'on juge de l'ensemble d'après ces mesures, qu'on y joigne les Jardins, & qu'on fasse attention que cette maison étoit pour un Consul (1) qui en avoit plusieurs presque aussi vastes & aussi somptueuses (2).

Nous pourrions citer les maisons de Ciceron, suivant le rapport de Salluste, celles de Pompée, la magnificence des édifices de Lucius Lucullus, de Sylla & de tant d'autres Romains, mais ces descriptions, quoiqu'intéressantes, ne seroient pas d'une grande utilité pour l'objet que nous traitons; elles ne nous offriroient que la maniere dont les anciens se logeoient, qui est fort différente pour

_____

(1) Pline, neveu de Pline l'Historien, qui vivoit sous l'empire de Trajan vers la centieme année de notre salut.

(2) Sa maison de Toscane, une autre à Frescati, à Tivoli, que Pline désigne sous les noms de *Tusculum*, *Tibur* & *Preneste*.

la distribution de celle que nous employons en France. Nos mœurs ne sont pas les mêmes non plus que nos usages: nous nous contenterons donc de nous renfermer dans ce qui nous est relatif, & nous dirons que le Français seul, entraîné par la volupté, a rafiné sur les aisances; nourri par l'ambition, excité par le faste, il a sacrifié au luxe: industrieux, il sait tirer partie de tout, un rien l'occupe, l'amuse; bientôt il en fait un objet important, il le rend utile; la mode paroît, & ce qui n'étoit qu'utile devient nécessaire. Ce ne sont pas ces dehors vastes & étendus qui l'ont séduit, il fait mieux combiner ses intérêts & se rapprocher de son but, il aime les objets rassemblés, mais en même temps il veut qu'ils ne soient pas confondus dans leur usage. Si le nombre des pieces paroît multiplié, c'est l'ordre & le ton de grandeur qui le déterminent.

Ingénieux Français, notre siecle voit briller avec étonnement l'étendue de vos talens. L'homme sensible admire les heureuses distributions que vous avez inventées. Tels sont les progrès que vous avez fait faire à l'Architecture; encore un pas, & bientôt il sentira son ame se développer & prendre un essor sublime : il est frappé de l'harmonie & du rapport des proportions de l'Architecture employées à propos. Vous vous rendez maîtres du mouvement de son cœur, &, par une espece de magie, vous excitez à votre gré toutes sortes de sensations. Ce sont ces différens ressorts que nous cherchons à développer, & sur lesquels nous ambitionnons d'établir des regles & des principes : que l'heureux génie qui nous en a inspiré la premiere idée, daigne aussi conduire notre plume : commençons par la distribution qui est un objet des plus intéressans, puisque notre bien-être en résulte.

Pour ne pas tomber dans la confusion, marchons pas à pas, & observons qu'en général un appartement doit être composé au moins de cinq pieces essentielles, une antichambre, un sallon, une chambre à coucher, un cabinet & une garderobbe ; mais combien le rafinement a-t-il fait naître de besoins ; il faut qu'un sallon soit précédé de plusieurs antichambres, les antichambres même doivent l'être d'un vestibule. Une premiere antichambre pour le commun du domestique, une seconde pour les valets de chambre & pour les gens honnêtes qu'on est obligé d'annoncer; la troisieme antichambre sert à faire attendre ces mêmes personnes; il faut que la salle à manger ne soit pas éloignée de cette premiere piece; cette même salle doit avoir à côté d'elle une piece pour poser les plats sortans de la cuisine, & prêts d'être placés dans l'ordre qu'ils doivent tenir sur la table; il y aura aussi une piece pour rincer les verres, & mettre le vin & les liqueurs dont on peut avoir besoin dans le courant du repas; tous ces endroits auront leur dégagement avec les cuisines & offices, autant qu'il est possible. On évitera de passer par les antichambres, le service de table en sera détaché : on doit pénétrer au sallon sans être gêné, sans courir les risques d'être pressé & dérangé par un domestique occupé du service.

C'est donc de la troisieme antichambre que l'on pénetre au sallon & à des garderobbes qui ne doivent pas être éloignées de la salle à manger; on observera toujours que l'entrée de ces mêmes garderobbes ne soit pas par le sallon ou par la salle à manger, c'est ordinairement la seconde ou troisieme antichambre qui sert d'entrée.

La chambre à coucher doit se placer à côté du sallon. Cette piece entraîne bien des accessoires, il lui faut une garderobe particuliere, un cabinet de toilette, un boudoir & le logement pour un ou deux valets de chambre ou femmes de chambre, un autre pour un laquais. Non loin doit être l'appartement de bain qui, pour l'ordinaire, est composé de la salle de bain, d'une étuve, d'une piece de dégagement & d'un cabinet à l'angloise; & enfin d'une chambre à coucher particuliere.

A la suite de l'appartement dont j'ai parlé, qui est ordinairement celui de la maîtresse de la maison, on joint celui du maître dont les premiere & seconde antichambres sont quelquefois les mêmes que les précédentes. Mais on a besoin de deux cabinets qui tiennent lieu de sallon, & servent à recevoir le monde. Ensuite est la chambre à coucher que doivent accompagner un ou deux beaux arriere-cabinets & des garderobbes avec des dégagemens particuliers. Il ne faut pas oublier une bibliotheque & un cabinet au bout : souvent on désire une galerie pour des tableaux, un cabinet pour des médailles & des bronzes, souvent même on ajoute un cabinet d'histoire naturelle. On sent aisément que toutes ces pieces en entraînent d'autres qui leur sont accessoires & relatives ; c'est ce que nous ferons connoître en parlant des détails. En attendant contentons-nous d'observer que, malgré ces nombreux & vastes logemens, il y a encore de petits appartemens où on a le soin de faire trouver tout ce que la commodité, l'aisance & le luxe peuvent faire desirer. Aussi ces petits appartemens sont-ils plus fréquentés que les grands ; la nature conduit à cette préférence. Les grands appartemens ne sont, à proprement parler, que de parade, il semble que la gêne & la contrainte en soient l'apanage : dans de trop grandes pieces l'homme se trouve disproportionné. Les objets sont trop éloignés de lui, on s'y retranche dans une partie, le reste devient inutile & déplaît.

Les logemens des domestiques & des officiers de maisons doivent être à la portée du service.

Souvent on a des appartemens d'été & d'hiver, les sallons sur-tout sont distingués. On a celui d'automne, nonobstant celui d'hiver & celui d'été.

Qu'on ne croie pas que ce soit un Palais de Roi dont nous faisons la description? Un particulier porté au faste par la richesse, exige cette profusion de logement. Une Actrice, une petite maîtresse vont souvent plus loin.

Les cuisines emportent avec elles un garde-manger, un lavoir, une rôtisserie & une dépense.

L'office demande une étuve, un four, & deux pieces avec des armoires, dont l'une pour les confitures & sucreries, & l'autre pour les fruits; encore convient-il qu'attenant cette piece il y ait un fruitier: il faut encore une piece assez grande pour dresser le service: on y doit ajouter pour l'argenterie une chambre attenant le logement de l'Officier, qui sera composé au moins de trois à quatre pieces, d'autant plus utiles, que dans le cas où on donne à manger, une partie de ces pieces devient nécessaire pour le travail.

Le Secretaire, l'Intendant, le Maître-

DE L'ARCHITECTURE. 91

d'Hôtel ont leur logement, on les placera de la maniere la plus convenable à leurs fonctions.

L'Ecuyer, le Piqueur seront à portée de la basse-cour où se trouvent les écuries, & à la proximité des écuries, il faut des endroits pour serrer les selles & les brides.

Les remises seront exposées au Nord; la plupart toutes ouvertes, mais il en faut plusieurs fermées, pour les voitures principales qu'il est intéressant de conserver; malgré cette précaution, il doit y avoir un endroit particulier pour serrer les coussins de la voiture, les glands, les rubans & les cocardes des chevaux.

Pratiquez des cours assez grandes pour tourner les voitures à tels attelages qu'elles puissent être; il doit d'ailleurs y avoir une cour à fumier, dont le service se fasse par le dehors sur les rues, c'est dans ces cours où se pratiquent ordinairement les aisances pour les domestiques.

C'est une grande incommodité que de descendre de voiture sans être à couvert.

Il faut que le Suisse soit à portée de l'entrée principale, & il doit avoir au moins une loge, une chambre, un petit bucher & une cave.

Tel est l'ensemble de ce que nous appellons Hôtel, tel est aussi celui de la plupart des maisons de campagne des environs de notre Capitale.

Ce simple détail est bien suffisant pour faire sentir le rapport de tout l'ensemble, mais en même-temps il ne fait pas assez connoître la relation de toutes les parties, & conséquemment l'analogie & le rapport des proportions avec nos sensations : c'est pourquoi nous parlerons de chacune de ces parties séparément ; & nous dirons ce qui en constitue la commodité & l'agrément.

Pour y parvenir, établissons les regles générales de la distribution, & disons qu'on ne sauroit être trop attentif à conserver de grandes & longues enfilades ; on doit même porter ses soins à les multiplier ou à les prolonger par le moyen des glaces.

Les écoinçons, d'après les murs & les cloisons de refend, doivent être égaux dans la même piece, ainsi que les trumeaux : les

DE L'ARCHITECTURE.

croisées seront aussi de même grandeur ; les portes égales pour les hauteurs & largeurs, il faut au moins qu'elles soient feintes ou cachées quand elles ne se rencontrent pas de même dimension, ou dans un milieu, ou quand elles ne sont pas symétrie : elles seront placées de maniere qu'on ne se frotte pas le long des meubles en passant d'une piece dans l'autre dans les parties de retour. Il faut qu'en marchant on forme pour ainsi dire une portion de cercle ; il en est de nous comme des voitures auxquelles on fait prendre le tour pour ne pas accrocher.

La cheminée, les poëles seront placés de façon à ne pas gêner en passant d'un endroit à l'autre, sur-tout pour les antichambres. Le Domestique en général est grossier & sans éducation ; il est inutile de l'exposer à manquer d'égards.

Il est indispensable de ne pas faire perdre les tuyaux des cheminées dans les épaisseurs des murs, autrement les retours des corniches ou plutôt les ressauts que les saillies nécessitent, ne sont pas agréables, & occasionnent de grandes difficultés pour les ornemens, sur-tout pour les corniches à modillon dont les caissons doivent toujours être parfaitement quarrés.

La largeur du manteau de cheminée entre les jambages sera relative à l'endroit où elle se trouve ; en général c'est un sixieme de la piece : à l'égard de l'épaisseur de face des jambages, c'est aussi un sixieme de la largeur du vuide de la cheminée. Quant à la hauteur du manteau du dessous de la traverse, il aura les deux tiers de la largeur du vuide.

Qu'on ne craigne pas de faire tomber trop bas les manteaux de cheminée, la facilité de se voir dans la glace qui est au-dessus, y engage, & d'ailleurs, moins il y aura de hauteur, moins on sera sujet à la fumée.

J'ai vu dans maints cabinets des cheminées ne pas avoir plus de hauteur qu'une table, elles réussissoient très-bien ; cette proportion étant relative à celle de la piece, étoit agréable & paroissoit satisfaisante. Il y a des préjugés, ou plutôt des habitudes, dont on doit s'affranchir. Tout au surplus doit être relatif. Ce principe puisé dans la nature est un des plus importants dans les Arts.

Les parquets d'une piece se symétrisent, à partir tant du milieu des cheminées, que de l'enfilade des portes principales.

Les dégagemens seront commodes, aisés, éclairés, & conduiront aux escaliers des entresols pratiqués pour l'ordinaire au-dessus des garderobes ou autres petites pieces, auxquelles on ne peut donner toute la hauteur des grandes & principales pieces. Il seroit utile au Maître de la Maison de la parcourir d'un bout à l'autre sans être vu ; c'est une chose aisée à pratiquer, & par le moyen de laquelle il semblera passer à travers l'épaisseur des murs, & les pénétrer dans leur longueur : il ne faut à cet effet qu'un corridor pratiqué entre les deux pieces d'un corps de logis double. Dans ce cas, il convient que ce corridor puisse être caché par le venteau des portes principales, lorsqu'il est ouvert : on croiroit volontiers que le mur est un corps dont on peut parcourir l'intérieur. Quelques Architectes ont fait un corridor en entresol au-dessus de celui dont nous venons de parler, & cela à la hauteur des portes, de façon que le plancher forme le plafond de l'embrasement, ce moyen ajoute à ce que nous avons dit : on peut parcourir & voir en tout temps les différentes parties de sa maison sans être apperçu, mais on est obligé de monter un petit escalier dérobé ; je l'ai pratiqué, & j'ai vu qu'on ne se servoit que du corridor à rez-de-chaussée. Ce second corridor est cependant des plus favorables, on voit ce qui se passe au moyen d'une petite baie cachée au haut de chaque piece ; c'est un moyen de contenir tout son domestique : on s'en sert quand il est nécessaire, & la seule idée que ce moyen existe tient en respect ; il est facile de remédier à toute curiosité étrangere, en fermant d'un volet avec serrure la baie par laquelle on peut voir, & dont le Maître seul aura la clef.

On peut donner différentes configurations aux pieces des appartemens : les unes seront quarrées, les autres parallélogrammes, on en fera de rondes ou d'ovales, d'octogones, enfin on en peut pratiquer de toutes sortes de figures régulieres : le parallélogramme ou quarré long est la forme la plus générale ; l'octogone est commode pour les échappées

&

DE L'ARCHITECTURE.

& la répétition des glaces. Souvent on fait des pans au lieu des angles d'un parallélogramme; souvent aussi l'extrémité d'une piece ser, terminée par une ou plusieurs portions de cercles: enfin il est une infinité de moyens de varier les formes. Si on défire un caractere férieux dans certaines pieces, on pratiquera de formes quarrées; les rondes sont plus gaies; les courbes plus voluptueuses. Nous en dirons les raisons.

Examinons à présent chacune des pieces dans leur détail, dans leur usage & dans ce qui leur est relatif: ces choses une fois bien entendues, on concevra plus aisément l'harmonie & l'accord qui doit régner entre les parties, & entre chaque partie & le tout.

Vestibule.

Le vestibule est l'entrée ou plutôt la piece qui distribue pour l'ordinaire au grand escalier & aux autres dégagemens : on le décore en conséquence du genre que l'on veut donner à l'édifice dans lequel il est employé. Souvent il est ouvert par les deux bouts, & l'escalier se doit trouver à la droite; alors on a toute facilité pour monter en voiture ou pour en descendre à couvert ; on ne doit jamais négliger ce principe, quoique nous ayons malheureusement beaucoup d'exemples du contraire : la plupart de nos Maisons Royales pechent par ce point : c'est un défaut essentiel ; on ne peut l'éviter avec trop d'attention. Quel agrément, quel avantage ne trouve-t-on pas dans le vestibule du Palais-Royal (1)! Quelle facilité n'y rencontre-t-on pas pour l'ordre que les Domestiques doivent garder, lorsque leurs Maîtres montent en voiture ou en descendent. Dans la plupart des autres édifices, au contraire, Châteaux, Palais, Hôtels, s'il pleut, les Maîtres mêmes en éprouvent l'incommodité. Au surplus, faites attention qu'en quelqu'espece de bâtiment que ce soit, le vestibule étant la premiere piece qui se présente, il doit caractériser l'édifice. C'est à l'habileté de l'Artiste à saisir l'usage de chaque piece, en employant le genre qui lui est propre : nous l'avons déjà dit ; & c'est ce que nous verrons, lorsque nous

---

(1) Par M. Contant d'Ivry, Architecte du Roi & de son Académie, qui a donné le dessin de l'Eglise de la Madeleine, & qui est mort en 1777.

ferons connoître quel caractere chaque piece doit avoir relativement à sa destination.

Premiere Antichambre.

La premiere antichambre est la piece commune qui suit le vestibule, ou le palier de l'escalier, & dans laquelle se tiennent les Domestiques ; elle doit être, en conséquence, proportionnée au nombre destiné à l'occuper. Sa décoration sera simple ; un lambris de hauteur en menuiserie en fera tout le décore ; son plafond est souvent sans corniche, du moins si l'on en pratique, on aura soin qu'il y ait très-peu de moulures ; le carreau est pour l'ordinaire de pierre de liais octogone avec remplissage de marbre noir. En général on échauffe cette piece avec un poële placé dans une niche, & la chaleur s'en communiquera, si l'on veut, à la seconde antichambre, la niche étant dans l'épaisseur du mur. Il faut avoir soin, comme on l'a déjà observé, que ce même poële soit éloigné de la partie du passage. Il est essentiel que les portes soient disposées de maniere qu'en passant d'un endroit à l'autre on ne soit pas exposé à heurter contre les meubles. On pratiquera dans cette piece de grandes armoires pour ferrer les chapeaux & redingottes des Domeſtiques, ainſi que les chandeliers & les lumieres ; dans une de ces armoires on peut placer un lit qui ſe rabatte pour le Domeſtique de veille ; il y aura un endroit pour les flambeaux qui ſera à l'épreuve du feu : d'un autre côté il faut une place pour le bois de la journée, il ne convient pas de le laiſſer en vue à cauſe de la malpropreté qu'il occaſionne, & en même-temps il eſt à propos de ne pas l'abandonner à la diſcrétion du premier Domeſtique entrant ; non-ſeulement la conſommation en ſeroit immenſe, mais il en pourroit réſulter des accidens.

Seconde Antichambre.

La ſeconde antichambre doit être plus ornée, elle ſert pour les valets de chambre. Cette piece pour l'ordinaire eſt parquetée ou planchéiée en point d'Hongrie pour plus de ſolidité. On y place une cheminée avec chambranle de marbre commun, & le contrecœur ſera garni dans ſon pourtour de plaques de fer

DE L'ARCHITECTURE.

de fonte & de deux croissans : il doit y avoir un dessus de cheminée avec parquet & glace ; cette piece est aussi lambrissée de hauteur. Elle souffre même une sorte de décoration ; on peut y placer quelques ornemens de sculpture, mais toujours dans le genre & dans le caractere relatifs à l'état du Maître, ainsi que nous nous en expliquerons. La corniche peut être ornée de denticule, & taillée d'ornemens. En face de la cheminée il peut y avoir une glace de même largeur & dans un parquet de même dessein que celui qu'il répete ; on observera cependant que la traverse d'en-bas soit plus basse, d'autant que cette glace doit partir d'après la table de marbre qui est au-dessous, & dont la hauteur est pour l'ordinaire de trente-deux pouces.

Mais encore une fois, c'est dans cette piece qu'on doit commencer à ressentir le genre de sensation qu'on aura à éprouver dans les pieces qui suivent ; c'est, pour ainsi dire, une avant-scêne à laquelle on ne peut apporter trop de soin pour annoncer le caractere des Acteurs.

LE GÉNIE

Troisieme Antichambre.

Cette troisieme antichambre est une espece de petit sallon ou d'avant-cabinet, dans lequel les gens d'une certaine distinction attendent que le sallon ou le cabinet leur soit ouvert.

Cette piece est parquetée & plafonnée avec corniche sculptée : le chambranle de cheminée doit être de marbre fin ; le contrecœur avec plaque de fer de fonte dans son pourtour & deux croissans; une glace au-dessus, d'une belle largeur & hauteur, dont le parquet sera sculpté & quelquefois doré : les moulures des portes & des chambranles seront taillées d'ornemens, les chambranles même peuvent être couronnés d'une corniche supportée par des consoles ; au-dessus il y aura, si l'on veut, des bas-reliefs ou des tableaux; mais, de telle maniere que ce soit, il faut que ces objets servent à couronner agréablement la porte, par le moyen de la forme pyramidale qu'il faut artistement donner au sujet principal : c'est dans le milieu que doit se trouver le groupe & le sujet toujours relatif au caractere convenable.

Ici l'Artiste doit commencer à accorder ses masses & ses détails avec l'intention générale. Il doit s'attacher à produire des impressions relatives les unes aux autres, & à la destination successive de chaque piece. Là aussi il peut employer la peinture, la dorure & la sculpture : les glaces deviennent nécessaires ; mais qu'il observe que c'est un moyen d'orner dont il ne faut pas abuser : le trop est toujours préjudiciable au but qu'on se propose, & si l'on prodigue les ornemens, il sera impossible d'enrichir de plus en plus, comme on doit le faire, les pieces nombreuses qui restent à décorer. Dans celle-ci on peut employer le damas ou la tapisserie, en les renfermant dans des cadres, dans des compartimens dont les pendans & les vis-à-vis seront de même mesure, de même genre & de même dimension ; sur-tout que l'Artiste mette un frein à son imagination, le génie qui le guide doit lui faire sentir les beautés & les richesses qu'il faut réserver pour son sallon, sa chambre à coucher, ses cabinets, & pour nombre d'autres pieces qui ne sont pas moins intéressantes.

Sallon.

Le sallon est la piece d'assemblée où se donnent les fêtes; c'est dans cet endroit où se pratique le plus grand cérémonial : c'est en conséquence dans ce lieu où la magnificence doit se développer, où la richesse doit être prodiguée, où l'Artiste enfin doit déployer son goût, son génie : les marbres, les bronzes, la dorure, la sculpture, la peinture & les glaces lui prêteront leur secours ; les tapisseries que nous avons poussées à un si haut point de beauté peuvent l'enrichir : le cryftal de roche pour les lustres, les girandoles, les candélabres, les statues précieuses, les vases les plus riches, les porcelaines les plus rares, peuvent concourir à l'embellissement de ce lieu. Les meubles dont nous avons porté si loin la perfection pour l'élégance & la commodité, ajouteront à la richesse. C'est ici que la magnificence du Maître doit se manifester: tout y peut être recherché; l'Art, sans s'y faire trop sentir, doit s'y développer; que les milieux soient bien soutenus, que tout y soit bien cadencé ; les percés bien symétrisés; les glaces y suppléeront bien, mais qu'elles ne soient pas trop multipliées : la sculpture sera placée avec goût, les formes doivent être belles, nobles & majestueuses, ainsi que les parties qu'elles enrichissent. Que la longueur de la piece soit relative à sa largeur & à sa hauteur ; ce n'est pas le hasard qui doit produire ces mesures : la corniche & l'entablement, s'il y en a, seront en ce cas relatifs au reste ; les moulures principales seront taillées, mais qu'il y soit observé des ornemens de bon goût & bien dessinés ; les profils doivent être jettés avec grace : c'est en partie de la distribution des modillons que dépend l'harmonie de l'ensemble ; c'est du modillon d'où émanent les grandes masses qui donnent & décident le caractere ; c'est d'après ses aplombs que se forme l'accord ; lui seul donne le ton & regle la disposition du tout : si l'on veut pratiquer des corniches où il n'y ait point de modillons, l'ornement principal fait la même fonction, c'est son milieu qui doit servir de ligne de direction. Si toutefois on n'admet pas d'ornemens dans la corniche, le goût seul doit guider, mais que l'on tienne bien la balance pour que la droite ne l'emporte pas en maſſe ſur la gauche, la ſymétrie eſt eſſentielle. Si par événement on étoit gêné par des percés pour la diſtribution du reſte du local, le génie doit venir au ſecours, c'eſt l'art qui y doit ſuppléer ; mais encore, qu'on ſoit attentif & délicat à cacher l'art qu'on emploie : nous avons déjà dit, & nous le répétons, qu'il ne doit ſe faire ſentir nulle part, que les choſes doivent être placées de manière, qu'il ſemble qu'on n'ait pu faire autrement (1).

On peint quelquefois les plafonds. Un beau ciel bien jetté, peu forcé en vapeur, donne beaucoup de grace & de légéreté ; la corniche en eſt plus détachée, & rend alors tout l'effet qu'on peut attendre de l'Architecture. Si l'on veut placer dans les plafonds quelques

---

(1) Liſez Voltaire dans ſon Temple du Gout. Il dit, en en faiſant la deſcription :

« Simple en étoit la noble Architecture.
» Chaque ornement à ſa place arrêté,
» Y ſembloit mis par la néceſſité :
» L'art s'y cachoit ſous l'air de la nature ;
» L'œil ſatisfait embraſſoit ſa ſtructure,
» Jamais ſurpris & toujours enchanté.

DE L'ARCHITECTURE. 107

figures, il faut y employer des sujets allégoriques; c'est là l'instant où l'Artiste doit réveiller son attention; trop de figures, un coloris trop vif & trop brillant détruiroient entiérement l'harmonie de l'Architecture. Aussi la peinture d'un plafond doit-elle avoir toujours un ton aérien, & les objets en paroître éloignés & comme perdus dans l'immensité.

Si cette piece est faite pour annoncer l'opulence du Maître, elle peut tenir du caractere de gaieté, quelquefois aussi elle peut être grave & même sérieuse. Dans tous les cas il faut que le ton général en impose; & quelque caractere qu'on choisisse, il est essentiel de le bien faire sentir. C'est ce que nous tâcherons de développer par des descriptions analogues aux différentes sensations; au moins est-ce le but que nous nous proposons. Mais revenons & disons que cette piece principale est susceptible de toutes sortes de formes; c'est dans ces formes même que l'on trouve en partie les caracteres qui font l'objet de cet Ouvrage. Nous nous contenterons pour l'instant d'observer que les Anciens distinguoient les fallons par leur conftruction ; ils les nommoient *Tétraftiles*, *Corinthiens* & *Egyptiens*. Un fallon étoit *Tétraftile*, lorfque le foffite étoit foutenu par quatre colonnes. Ils l'appelloient *Corinthien*, lorfque les colonnes qui le décoroient dans fon pourtour étoient engagées dans les murs, & ils le difoient *Egyptien*, lorfqu'il avoit dans fon pourtour des colonnes Corinthiennes ifolées, couronnées d'une fimple architrave, & portant un fecond Ordre avec un foffite.

Nous appellons *Sallon à l'Italienne* celui qui comprend deux étages dans fa hauteur, & qui n'eft ordinairement éclairé que par les croifées de l'étage fupérieur.

On en fait au furplus de toutes formes : il y en a de quarrés, tel que celui de l'ancien Château de Clagny dont nous ne pouvons trop regretter la démolition, mais dont heureufement nous avons tous les deffeins dans le plus grand détail : tel auffi que ceux des extrémités de la galerie de Verfailles.

Il s'en pratique de ronds & d'ovales, tels que ceux de Vaux & du Rincy, d'octogones comme celui de Marly. Nous les citons pour exemples, ce sont des morceaux précieux & de conséquence, qui ne peuvent qu'échauffer & animer l'imagination ; on ne sauroit trop la meubler de beaux objets & de grandes idées ; il est des momens où ces trésors se retrouvent. Nous pourrions faire passer en revué bien d'autres édifices, sur-tout ceux qui ont été construits depuis dix ans ; on y voit régner la richesse & l'élégance ; les beautés de l'Art y sont dans tout leur jour ; le goût le plus exquis s'y fait sentir ; l'ame y reçoit des impressions agréables & variées, & la France possede peut-être un plus grand nombre de ces beautés que tout autre pays, parce que le génie de sa nation est porté à l'invention. Dans tout Etat riche, & où le luxe & les plaisirs dominent, il naît sans cesse de nouveaux besoins, & ces besoins rendent industrieux. L'émulation des Artistes s'anime, l'intelligence se développe, la délicatesse établit un choix, & le plus simple édifice reçoit les embellissemens qui lui sont naturels. L'amour-propre, l'émulation, tout contribue à rendre les Artistes inventifs, & les propriétaires à profiter de leurs talens. Jamais on ne s'est autant occupé à bâtir qu'on le fait aujourd'hui. On voit s'élever de toutes parts des édifices plus somptueux les uns que les autres. Si Rome en a fourni de plus vastes, elle n'en a pas produit de plus élégans ; les dedans surtout sont de la plus grande recherche pour la décoration, pour les distributions, pour la commodité ; l'on a sçu y prévoir tous les besoins ; mais il manque souvent une gradation de richesse d'une piece à l'autre qui seroit nécessaire à l'entiere perfection, pour que l'ame fût parfaitement satisfaite. Un seul sallon, comme il y en a quelques-uns de décorés, auroit suffi autrefois pour immortaliser un Artiste. Cela ne suffit pas, aujourd'hui on demande des ensembles complets où tout soit d'accord. Mettons donc nos talens en œuvre, appellons à notre secours la méditation & le génie ; occupons-nous des impressions que chaque objet doit faire naître. Etudions & cherchons à saisir cette nuance précieuse qui ne peut que flatter & surprendre nos sens.

Chambre à coucher.

La chambre à coucher, à la suite des grands appartemens, ne sert souvent que de parade. Elle est trop vaste. On aime mieux occuper un endroit dont le plancher soit peu élevé, où l'on soit bien clos, & où on puisse être à soi-même. Quoi qu'il en soit, par bienséance & par usage, il faut une chambre à coucher qui réponde au reste de l'appartement, elle ne sera que de parade si l'on veut, c'est une raison de plus pour lui donner un caractere qui inspire le repos & annonce la tranquillité. Evitez donc le bruit des cours, & tout ce qui peut exciter la dissipation. C'est le palais du sommeil, tout y doit être simple & uniforme. Le jour y sera foible & adouci, tel qu'on le peint au réveil de Vénus, lorsque les graces l'avertissent du lever de l'aurore. Des rideaux de gaze tirés à la hauteur des deux tiers des croisées ne laisseront qu'autant de lumiere qu'il en convient à ce lieu. Les ombres n'y doivent cependant pas être trop fortes. L'Artiste qui se mêle du décore doit avoir pour principe que, plus la lumiere est vive & forte, plus les ombres sont sensibles. La lumiere & les ombres influent sur le caractere des lieux, & sur les effets qui en résultent. L'arrangement, le goût des meubles concourent aussi aux mêmes fins. A cet effet le lit sera placé dans le fond de la piece au milieu de sa largeur, & en général en face des croisées. La cheminée partagera en deux la partie latérale d'après le lit, autrement elle en seroit trop près, & de plus la symétrie seroit dérangée ; un ressaut ou une portion de cercle désigne la profondeur que doit occuper le lit, & dans ce cas tout se trouve dans l'ordre & bien décoré.

La glace au-dessus de la cheminée, ainsi que celle qui est vis-à-vis, & au-dessous de laquelle il y aura une de ces commodes qu'on nomme à la Régence, seront de mêmes dimensions, & auront les mêmes ornemens. La piece pourra être tendue soit en tapisserie, soit en damas, le tout encadré de bordures dorées. Les compartimens tant de droite que de gauche seront semblables. Un ensemble tranquille & peu tourmenté doit faire sentir la nature du lieu, ainsi que nous l'avons dit; on lui donnera la proportion Ionique : la moyenne

DE L'ARCHITECTURE.

moyenne proportionnelle que cet Ordre tient avec les autres, convient pour produire ces effets. Les meubles concourent au caractere général, & ils y contribuent plus qu'on ne pense : aussi leur dessein & leur ordonnance seront décidés par l'Artiste qui a donné l'ensemble de la décoration, & non par le Tapissier qui ne doit qu'exécuter. Les proportions, les formes, le choix des couleurs seront donc soumis à l'Architecte. Il n'arrive que trop souvent que le Tapissier décide de tout l'ameublement, il le fait sans égard aux principes que nous indiquons, son intérêt seul le guide, & l'accord de tout ce qui doit tendre aux effets est manqué ; c'est donc à l'Artiste à entrer dans ces détails, à ordonner l'exécution ; lui seul a la connoissance du projet qu'il veut remplir ; lui seul peut employer tous les moyens qui conduisent au même but, à cet ensemble qui donne le caractere & produit les sensations qui y sont relatives.

On choisira par préférence la couleur verte pour tenture d'une chambre à coucher: cela tient du feuillage, le sommeil semble y ac-

H

quérir des douceurs. Le verd est favorable par son uniformité, & l'égalité de sa nuance peut contribuer à l'impression douce & tranquille qui convient au repos. Les moulures d'encadremens seront dorées, mais les profils en seront simples, ils porteront peu de reliefs & presque point d'ornement. On peut admettre quelques tableaux placés avec goût, un trop grand nombre nuiroit au repos.

La chambre à coucher est, comme nous l'avons déjà dit, l'asyle du sommeil. Les lits peuvent avoir des formes agréables. Ceux qu'on appelle *à la Polonnoise* remplissent cette idée par leur élégance, leur ensemble pyramidal, leur couronnement en dôme; les panaches & les plumes qui les terminent produisent un effet agréable, mais il faut savoir proportionner ces ornemens au reste de la piece, & les composer d'une maniere analogue & relative à l'état & à l'âge des personnes à qui ils sont destinés.

Les alcoves sont peu en usage aujourd'hui, non-seulement elles sont incommodes pour le service sur-tout lorsqu'on est malade, mais encore l'air n'y circule pas assez; & comme on ne peut que difficilement y développer des lits élégans & somptueux, le goût, le luxe & la santé ont concouru à les abolir.

Les lits en niche avoient moins d'inconvéniens; mais on n'y trouvoit pas encore toutes les commodités nécessaires ; les garderobes qu'on plaçoit pour l'ordinaire de droite & de gauche s'accordoient mal avec la magnificence d'un lieu de parade, aussi ces distributions sont-elles proscrites & renvoyées pour les petits appartemens de peu d'importance.

On doit donc en général préférer un lit isolé, placé, ainsi que nous l'avons observé, dans le fond de la piece & comme dans le sanctuaire du temple : au surplus, c'est de sa richesse, c'est de sa magnificence que toute la piece doit prendre son ton de décore. Mais encore une fois, que l'on prenne garde à l'excès d'ornement qui paroît s'éloigner du caractere relatif à une chambre à coucher.

Il suit une piece à peu près semblable & non moins intéressante; c'est le boudoir.

Boudoir.

Le boudoir est regardé comme le séjour de la volupté ; c'est là qu'elle semble méditer ses projets, ou se livrer à ses penchans. D'après ces idées qui tiennent à nos mœurs, quelle attention ne doit-on pas apporter pour en faire l'endroit le plus agréable ? Il est essentiel que tout y soit traité dans un genre où on voie régner le luxe, la mollesse & le goût. Les proportions de l'Ordre Corinthien sont élégantes, elles lui conviennent. Donnez à cette piece un ton de dignité & de prétention, c'est une petite maîtresse à parer. L'air de galanterie dont on ne peut s'écarter, exige que les masses soient légeres & cadencées, les formes peu prononcées. On ne peut trop éviter les ombres dures & crues, que pourroient produire des lumieres trop vives. Il faut un jour mystérieux, & on l'aura par le moyen de gazes placées avec art sur partie des croisés.

Les percés, les répétitions ne doivent pas être ménagés dans cette piece, les glaces les produiront ; mais observez qu'elles ne fassent pas la partie principale de l'emmeublement.

DE L'ARCHITECTURE. 117

Leur multiplicité donne un caractere triste & monotone. Elles doivent être diftribuées de maniere qu'entre chacune il y ait au moins deux fois autant d'efpace fans glace qu'avec glace : ces intervalles qui laiffent du repos peuvent être ornés de belles & riches étoffes, en plaçant dans chaque encadrement un tableau artiftement fufpendu avec de gros glands & des cordons de foie treffés d'or. Les fujets du tableau feront puifés dans les endroits galans & agréables de la fable. Le triomphe d'Amphitrite, Pfyché & l'Amour, Vénus & Mars offriront des compofitions convenables au caractere du lieu. Tout y doit être commode, & tout y doit plaire. Il faut, relativement aux dimenfions, que les détails faits pour être vus de près, fatisfaffent par un bel accord. Les jouiffances rapprochées y deviennent en quelque forte l'objet principal.

Joignons au boudoir des garderobes particulieres artiftement pratiquées & bien appropriées.

Si les croifées font à l'Orient, le jour y fera plus doux ; elles doivent avoir, autant

H 3

qu'il sera possible, des points de vue favorables, &, au défaut de la belle nature, ayez recours à l'Art : c'est dans ce cas où le goût & le génie doivent se déployer ; il faut tout mettre en œuvre, employer la magie de la peinture & de la perspective pour créer des illusions. Si l'on peut se procurer le point de vue d'un jardin particulier, les berceaux, les treillages, les volieres y feront un bon effet. Le ramage des oiseaux, une cascade ingénieusement pratiquée, dont les eaux enchantent les yeux & les oreilles, semble appeller l'Amour. Souvent aussi un doux sommeil s'empare alors de nos sens, & des songes legers rendent notre ame errante. Différentes statues distraient agréablement par les sujets qu'elles représentent. Des orangers, des myrthes dans des vases de choix flattent & la vue & l'odorat. Le chevrefeuil, le jasmin en forme de guirlandes couronnent le Dieu qu'on révere à Paphos. Une variété bien assortie présente l'intéressant tableau de la belle nature. C'est ici que l'ame jouit d'elle-même, ses sensations tiennent de l'extase ; c'est la retraite de Flore qui, parée des plus vives couleurs, attend en secret les

DE L'ARCHITECTURE.

careſſes de Zéphire. La beauté, la douceur du printemps y régneront toujours. Entretenez-y donc la fraîcheur des arbuſtes & des fleurs ; renouvellez-les ſuivant les ſaiſons, il ne faut que du ſoin. Le grand jardin, la ſerre même viennent au ſecours.

Le boudoir ne ſeroit pas moins délicieux, ſi la partie enfoncée où ſe place le lit étoit garnie de glaces dont les joints ſeroient recouverts par des troncs d'arbres ſculptés, maſſés, feuillés avec art & peints, tels que la nature les donne. La répétition formeroit un quinconce qui ſe trouveroit multiplié dans les glaces. Les bougies produiſant une lumiere graduée, au moyen des gazes plus ou moins tendues, ajoûteroient à l'effet de l'optique. On pourroit ſe croire dans un boſquet ; des ſtatues peintes & placées à propos ajouteroient à l'agrément & à l'illuſion.

Continuons à parcourir les détails. La cheminée peut être ornée de bronzes dorés d'un deſſin léger, & dont la baſe ſera un marbre blanc veiné. Tous les autres marbres doivent être de cette couleur qui contribue à l'air de fraîcheur, de décoré & de magnifi-

H 4

cence qu'on doit apporter dans ce lieu.

En face de la croifée ou de la cheminée, un renfoncement en niche eft néceffaire pour placer un lit de repos, ou une ottomane; cette niche doit être décorée de glaces dans tout fon pourtour, & même dans fon plafond.

Une alcove, ou plutôt un renfoncement de dix à douze pieds de profondeur, dont les jours feroient bien ménagés, pourroit d'autant mieux réuffir, qu'il ajouteroit à l'air de myftere. Des glaces dans le pourtour, une coupole proportionnée au milieu du plafond, le lit au-deffous aplomb & ifolé de toutes parts, rangé à la Polonoife, produiroient un effet agréable.

La couleur des meubles & celle de la tenture ne font pas indifférentes pour décider le caractere qu'on peut défirer. Le rouge eft trop dur; le jaune donneroit un reflet défagréable. Le verd y paroîtroit trop férieux; le blanc & le bleu font les feules teintes que l'on puiffe admettre.

Les meubles, les encadremens des glaces & des tentures doivent être dorés & fculptés; la corniche qui couronne la piece eft fufcep-

DE L'ARCHITECTURE. 121

tible de cette même richesse; mais on observera que la sculpture soit légere, & qu'à l'égard de la dorure elle ne soit pas prodiguée avec excès; il faut qu'elle ne soit appliquée que sur les ornemens, sur quelques filets, & que le tout ne soit que rechampi & rehaussé d'or sur un beau fond blanc. En effet, la légéreté est le caractere d'agrément de cette piece qui tient à la frivolité.

On sent, d'après ces principes, combien les profils en général doivent être peu prononcés, sans être trop mols; il ne faut pas tomber dans un vice, en voulant éviter un défaut.

Le plafond peut représenter un ciel azuré, peu de nuages; une couple de colombes qui sembleroient planer dans les airs, & chercher à rejoindre le char de Vénus, suffiront pour l'animer.

Le lambris d'appui sera en blanc, & les moulures dorées & sculptées comme dans le reste de la piece.

Le parquet sera à compartimens ou en ébénisterie, & l'hiver un beau tapis le couvrira.

On ne peut apporter trop de soin dans la décoration de ce genre; les masses peuvent varier ; mais on doit toujours avoir pour principe de ne pas s'écarter des plans circulaires. Cette forme convient au caractere du lieu, elle est confacrée à Vénus. En effet confidérons une belle femme. Les contours en font doux & bien arrondis, les mufcles peu prononcés ; il regne dans l'enfemble un fuave fimple & naturel, dont nous reconnoiffons mieux l'effet que nous ne pouvons l'exprimer, qui provient d'un développement tendre, naiffant & femblant annoncer la nature dans fon berceau. Nous ne pouvons donner un meilleur exemple. Telles font donc les idées fur lefquelles on peut fe guider, & ajoutons qu'il faut de la légéreté dans l'enfemble & des graces dans le tout.

Qu'on fe garde bien d'employer des glaces ceintrées fur plan, elles rendroient les objets difformes & allongés en raifon du plus ou du moins de ceintré.

Nous devons auffi obferver qu'on ne peut apporter trop d'attention à la pureté, à la couleur & à la pofe des glaces. La moindre petite bube, la moindre rayure, le plus léger défaut les doit faire rebuter.

Il feroit ridicule qu'une nymphe, qui vou-

DE L'ARCHITECTURE.

droit confulter les charmes de fa beauté, ne rencontrât, au lieu d'une forme réguliere, qu'une figure écrafée & de travers. La pofe feule des glaces peut quelquefois occafionner ces inconvéniens. En effet, celles qui ne font pas bien paralleles, d'équerre ou d'aplomb, y donnent lieu. Le remede eft aifé, mais il n'en eft pas de même lorfque les glaces d'un même parquet ne font pas d'une même épaiffeur & d'une même couleur. Ces défauts font effentiels, il ne faut pas les fouffrir; changez les glaces, autrement la vue eft fatiguée; & pour me fervir du terme précieux des petites maîtreffes, elle eft excédée. En effet, le vifage & tous les objets qui réfléchiffent dans la glace, femblent brifés & tranchés de deux teintes, ce qui occafionne le difparat le plus défagréable: on n'a pas un boudoir pour y éprouver pareille contrariété.

Cette retraite délicieufe ne doit occafionner que des émotions douces; porter la férénité dans l'ame, la volupté dans tous les fens. Il faut tendre au dernier degré de perfection, & que le defir foit fatisfait; fans donner atteinte à la jouiffance.

Glaces.

Puisque nous sommes sur la qualité des glaces, il est bon d'observer qu'il y en a peu de parfaites; le choix qu'on en doit faire mérite la plus grande attention. Les plus pures, les plus nettes sont celles que l'on place à portée de la vue, elles doivent être de grandeur suffisante pour qu'on puisse s'y voir en entier. Si on ajoute au-dessus un second morceau, il faut, comme je viens de le dire, qu'il soit de même couleur & de même épaisseur que la glace qu'il couronne, & c'est dans ce morceau, qui doit être le tiers de celui de dessous qu'on peut supporter quelques défauts, si toutesfois on ne peut faire autrement. Jamais dans un même parquet les glaces ne doivent varier sur ces deux qualités de couleur & d'épaisseur. Le défaut en est trop sensible & devient insupportable. Il y a beaucoup d'art dans la maniere de les poser. Une glace un peu plus ou un peu moins inclinée, cache souvent des défauts dont on ne s'apperçoit qu'avec peine, & qu'on ne voit qu'en regardant de côté; souvent même ils sont effacés tout-à-fait. Le défaut des glaces entre deux croisées à faux jour ne s'apperçoit que très-difficilement. C'est aussi dans cet endroit où l'on met les moins belles, & où les Miroitiers ont grand soin de placer les défectueuses, dans l'espérance qu'on ne les rebutera pas. Si on n'y prend garde on est trompé; les Marchands, nonobstant la remise ordinaire du pouce de hauteur & de largeur, ont aussi des remises relatives aux défauts; on trouve certaines glaces où il y a plus d'un tiers de déduction; la plupart des Marchands en prennent, leur grand art est de les passer comme bonnes & sans défaut. Mais faites-y attention. Si on venoit à les céder, ou à les échanger pour d'autres, on y perdroit plus de moitié. Un Architecte attentif ne peut donc être trop exact & trop sévere sur un examen semblable. Son devoir l'exige, & dans ce cas s'il y a quelques endroits dans un appartement où les défauts & les vices des glaces peuvent se passer, ce n'est pas le Marchand qui doit en profiter, c'est le propriétaire, puisque toute glace a sa valeur intrinseque, & qu'en conséquence des défauts il y a d'après le tarif des remises par la manufacture.

Qu'on me pardonne cette digreſſion qui eſt un objet d'économie & non pas de décore.

Paſſons au cabinet de toilette : tous les momens ſont précieux pour les belles, elles ſavent diſtribuer leur tems ; les minutes chez elles ſont comptées & toutes marquées au coin du plaiſir.

Cabinet de toilette.

Le cabinet de toilette eſt l'endroit où les graces tiennent conſeil ; elles ſont ſimples, ingénues : leur plus grand charme ſe puiſe dans la nature ; c'eſt d'après cette idée, c'eſt d'après le caractere des graces que leur cabinet doit être formé. Elles ſont d'une taille légere, ſvelte, ni trop grandes, ni trop petites. Leur ſéjour doit leur être relatif. Sa proportion ſera ionique, elle tient la moyenne proportionnelle entre l'Ordre Dorique & l'Ordre Corinthien.

Le cabinet de toilette eſt de la nature des petits appartemens.

En général douze pieds de large ſur quinze à ſeize pieds de long, neuf de haut, ſont les proportions les plus convenables. Cet endroit doit être parqueté, le plafond avec corniche; mais toutefois si la corniche est taillée d'ornemens, il faut que ce soit avec ménagement, avec légéreté, avec goût.

Tout le cabinet sera lambrissé de hauteur; les panneaux auront une belle forme, ils seront bien compassés & placés avec symétrie.

Evitons ce qui est fastueux, la magnificence contrarie, fait fuir les graces, elles ne se plaisent que dans la noble simplicité.

Ecartons les angles aigus dans la forme de cette piece; il est très-avantageux d'y faire des pans dans lesquels on mettra des glaces; des portions circulaires y réussissent très-bien, & les lambris, en ce cas, peuvent avoir ces formes au lieu de pans, mais alors les glaces se placent dans un renfoncement dont le plan est quarré: comme en général les pans sont petits, ces renfoncemens ne sont pas désagréables, ils ont l'avantage d'adoucir l'ensemble de la piece. Si l'on se plaint d'une épaisseur qui peut paroître dans la glace, qu'on y peigne une moitié de mosaïque; par le moyen de la répétition, elle paroîtra entiere & fera un bel effet. On s'applaudira de ce moyen, lorsqu'on jettera les yeux sur le plafond, qu'on verra les angles s'en effacer, être moins profonds. Les portes, les cheminées doivent être placées de maniere qu'elles ne puissent nuire à la position de la toilette qui doit être éclairée du côté du Levant. Il seroit incommode que la toilette se plaçât à l'enfilade des portes. Pour être dans la situation naturelle : il faut qu'elle soit à un jour favorable ; il ne seroit pas dans l'ordre que, par suite de cette même nécessité de jour, elle se trouvât trop près de la cheminée ; le feu pourroit incommoder, il est incompatible avec les odeurs & les pommades. Il faut donc entrer par le fond du cabinet, non pas en face de la croisée ; une glace y convient mieux, d'autant que les objets sont réfléchis dans le miroir de la toilette, & qu'il n'est point indifférent de voir arriver ceux qui viennent nous rendre hommage. La porte doit donc être dans un des côtés.

Le chambranle de cheminée sera de marbre blanc veiné, les consoles en seront arrondies sur le plan, & la tablette en suivra le contour : la traverse ne peut être posée trop

trop bas, on se verra d'autant mieux dans la glace qui est au-dessus, qu'il doit y en avoir une autre vis-à-vis. Ces répétitions sont nécessaires aussi pour qu'on puisse se voir de tous côtés.

Cette piece sera parquetée & décorée d'un lambris de hauteur, peint en blanc, ou de deux gris fort clairs; il en sera de même pour les parquets de glaces & pour leurs bordures, à l'exception cependant qu'on dorera la seule moulure qui encadrera la glace. Ce peu de dorure détruira en partie la trop grande uniformité qui pourroit jetter une teinte de mélancolie. La toilette établit une sorte de contrainte qu'il convient d'adoucir. On mettra à cet effet dans chaque panneau de lambris, une estampe d'un sujet agréable ; qui sera renfermée dans un cadre doré dont les moulures seront méplates & sans sculpture à cause de la poussiere. Ces estampes donneront du jeu à la piece & l'égaieront. La corniche sera d'un profil simple, léger & peu prononcé, ainsi que celui des lambris.

On doit mettre des fleurs dans différens vases & dans différentes places, sans craindre

I

d'en trop charger la cheminée. Il seroit agréable de pratiquer dans les angles de petites gaînes portant des vases artistement dessinés. On y placeroit des fleurs qui annonceroient d'autant plus de fraîcheur, qu'elle auroient le bas de leur tige dans l'eau. Ces vases peuvent être de cuivre peints en lapis lasuli & leurs ornemens dorés.

Les ferrures des portes & des croisées réussiront mieux étant polies & vernies, que si elles étoient dorées en plein : les cordons de sonnettes tressés formeront des guirlandes, dont le blanc & le bleu seront la base.

Tel est l'ensemble d'un cabinet de toilette, en observant qu'il est essentiel que la propreté & la galanterie en fassent les principaux ornemens, & que le tout annonce cette fraîcheur précieuse dont on doit jouir pour l'ordinaire en sortant de ce lieu.

Garderobe pour les Hardes.

La garderobe, pour placer les hardes & les ajustemens avoisinera le cabinet de toilette, au moins ne doit-elle pas en être éloignée. Ce lieu sera garni de grandes armoires bien fermantes, dans lesquelles il y aura des tablettes & porte-manteaux. Son exposition, pour être avantageuse, sera au Nord. Le jour en est égal, les étoffes y sont moins fatiguées, les plumes & les fourures s'y conservent mieux : les insectes fuient cet aspect du ciel. Il ne faut pas de cheminée, la fumée pourroit nuire & pénétrer à travers les armoires toutes bien fermées qu'elles pourroient être. Cette piece sera avec carreaux de pierre de liais, le parquet y convient moins, parce que la vermine peut y trouver des retraites. On ne donnera pas à cet endroit trop de hauteur de plancher, neuf pieds suffisent; il sera plafoné, & si l'on met une corniche, elle servira de couronnement aux armoires. On placera au milieu de cette piece une grande table couverte d'un tapis, d'où l'on pourra déployer les robes & les autres objets dont on a besoin. Sil'on y met quelques chaises, il ne les faut pas d'étoffes, à cause des insectes, elles seront seulement garnies de paille ou de cannes, les premieres valent mieux, sur-tout si les futs sont en bois d'acacia.

On s'occupera de la lingerie, en parlant de l'endroit destiné aux femmes de chambre.

Garderobe de propreté.

Cette piece ne doit pas être éloignée de la chambre à coucher & du cabinet de toilette ; elle fera carrelée en pierre de liais, & plafonée avec corniche, fi l'on veut. On placera des tablettes dans les angles pour pofer différens vafes de propreté, des pots-pourris & des eaux de fenteur. Il doit auffi y avoir de petites armoires en banquettes, ou prifes dans l'épaiffeur des murs, pour ferrer différens objets qu'entraînent les fuites & les acceffoires du lieu.

A l'égard d'une chaife percée, on la met dans une niche faite exprès, & qui, pour l'ordinaire, fe trouve au milieu d'une des parties latérales.

Cette garderobe peut être échauffée par les tuyaux de chaleur d'un poële voifin. Quant à fon jour, il doit fe tirer du côté du Nord ; quelquefois on eft obligé de fe contenter du jour d'un deffus de porte, mais c'eft lorfqu'on ne peut faire autrement. Au furplus, il faut ménager une porte de dégagement, pour que le fervice ne fe faffe pas par les pieces principales de l'appartement; on peint le tout en blanc ou en grifaille: quoique de peu de conféquence, ces pieces cependant demandent de l'intelligence pour être difposées convenablement aux avantages qu'on en peut tirer. Rien n'y doit être négligé: le moindre coin doit avoir fon ufage, foit pour placer des ferviettes, foit pour pofer une petite fontaine, avec une coquille en marbre, ou une cuvette pour recevoir l'eau qui tombe lorfqu'on fe lave les mains, & qui pour l'ordinaire va fe perdre par une petite décharge qui la conduit ou dans un puifard ou au-dehors. Arrangez artiftement ce lieu, mais confidérez toujours qu'il ait rapport avec le refte de l'appartement; quand une garderobe eft jolie, on ne fuppofe pas que les autres pieces foient négligées.

Cabinet à l'Angloife.

Cette piece tient beaucoup de la garderobe de propreté, elle fert à-peu-près aux mêmes ufages, qui cependant ne font pas fi généraux. On la nomme cabinet à l'Angloife, parce que c'eft des Anglois qu'elle nous eft venue. Les cuvettes font des auges de marbre, où se reçoit la matiere qui est bientôt chassée lorsqu'on a levé la bonde portant soupape, & qu'on a tourné le robinet qui donne de l'eau en abondance, & emporte ce qui se trouve dans la cuvette ; la bonde se replace & ferme assez hermétiquement pour que l'odeur ne puisse pas pénétrer ; on a même le soin de la charger d'un peu d'eau, afin que la vapeur ne puisse s'échapper. Il y a encore de petits conduits d'où l'on fait jaillir l'eau lorsqu'on veut se laver, usage qui réunit la propreté & la salubrité. On place pour l'ordinaire un réservoir dans l'entresol au-dessus. La délicatesse y fait pratiquer un cilindre avec du feu, afin que dans l'hiver l'eau ne soit pas trop froide. On tire aussi de ce réservoir de l'eau pour former une petite fontaine à laver les mains, & qui se perd par un tuyau de décharge. Il est facile d'arranger cet endroit avec art. Le siege ne doit jamais être placé en face de la porte, mais à droite ou à gauche. Ordinairement il est dans une niche quarrée en son plan, & de chaque côté sont des tablettes pour poser les linges blancs. A la hauteur du siege il y a une petite armoire

DE L'ARCHITECTURE. 135

pour jetter le linge sale du jour. Les bâtis, dans lesquels se posent les petites tablettes pour les linges & les eaux de senteur, se terminent ordinairement par un amortissement couronné d'un vase rempli de parfums & d'odeurs ; cette piece est carrelée en pierre de liais, souvent même en marbre ; elle est plafonée avec corniche, il est inutile d'y prodiguer des ornemens. Le lambris doit être simple & bien massé, faisant architecture & non menuiserie, par le moyen de tables soit saillantes soit renfoncées : car en général on doit le peindre en marbre, le bien polir & vernir, cela vaut mieux que le stuc pour la solidité, mais à la vérité, on n'y trouve pas le même brillant : on peut se contenter aussi de faire cette décoration en plâtre ; cependant observez que les arrêtes ne s'en soutiennent jamais bien vives, c'est un grand inconvénient. Voulez-vous y parer en partie ? vous le pouvez en laissant vos murs tous lisses, les peignant en décore de marbre ; par le moyen des ombres & de la perspective, vous donnerez les différentes masses que vous pourrez désirer. Les croisées de cet endroit seront du côté du Nord, afin que l'odeur fasse moins d'impression ; la fermentation de la matiere est moins provoquée par le froid que par le chaud.

Mais, encore une fois, que dans cette piece on ne rencontre pas une élégance qui feroit étrangere au reste de l'édifice ; il faut l'accord des différentes parties avec le tout, sans quoi point d'architecture.

Bains.

Les bains exigent différentes pieces, ils demandent une antichambre, une salle destinée aux baignoires, une étuve, une petite chambre à coucher, & quelques garderobes particulieres.

Antichambre des bains.

Cette antichambre est à la suite d'un corridor, & conduit au cabinet des bains, à celui à l'Angloise, à quelques garderobes pour servir de dégagement, à l'escalier d'entresol qui est au-dessus, où se place le réservoir, & où se pratique le logement des femmes de chambre.

On carrele cette piece en pierre de liais, on la plafone avec corniche, en général elle est lambrissée de hauteur, & doit être peinte en grisaille : l'exposition du jour lui est indifférente.

Il y aura un poêle, & c'est pour l'ordinaire de cet endroit d'où prennent tous les tuyaux de chaleur pour les garderobes, cabinet à l'Angloise & bains.

Cabinet des bains.

Diane descend à ses bains. C'est ici qu'on doit chercher à l'égayer par la forme du lieu, par son arrangement, par son ensemble. La proportion en doit être Corinthienne ; cette piece demande de l'élégance & de la légéreté, il faut donner du jeu dans son plan ; le jour doit être beau, sans y être multiplié par le nombre des croisées ; une peut suffire : elle sera en face de la baignoire : son aspect, autant qu'il est possible, sera vers l'Orient, & donnera sur le percé d'une allée terminée par un bosquet, où l'Art déploiera ce qu'il y a de plus galant. Le désœuvrement qu'on éprouve dans le bain, exige des objets de dissipation. Les idées sont tristes, il faut les égayer.

La baignoire sera donc placée, comme nous avons dit, de maniere à profiter d'un point de vue agréable. Si les gazes semblent défendre l'entrée d'un jour indiscret, c'est à l'Art, c'est au goût à les soulever.

On ne doit pas poser la baignoire entiérement sur le carreau, on auroit trop de peine à y entrer : il faut qu'elle soit enfoncée de maniere qu'elle excede au plus de huit à neuf pouces le niveau du plancher, ce qui rend l'accès plus commode, & fait éviter le danger qu'on peut essuyer en entrant au bain. Peut-être aussi pourroit-on désirer que cette même baignoire fût placée au milieu de la piece plutôt que dans une niche, le service en seroit plus aisé, & on auroit l'avantage de voir autour de soi. Il faut au moins trois glaces, une en face de la croisée, une autre au-dessus de la cheminée, & la troisieme vis-à-vis de cette derniere. On fera descendre ces glaces le plus bas possible, afin qu'on puisse s'y appercevoir de toutes parts ; la cheminée doit elle-même être élevée au plus à quinze pouces du dessous du manteau, & avoir deux pieds & un quart de largeur entre jambages; le marbre blanc veiné est celui qui convient le mieux pour le chambranle ainsi que pour le carreau.

Toute la piece au surplus doit être en fond de marbre pareil : elle pourroit aussi être peinte en berceau de treillage, de façon qu'étant au bain, on se trouveroit entouré de jasmin & de chevrefeuil ; il seroit aisé de pratiquer dans les pans quelques petites cascades qui se répéteroient par les glaces, & qui, par leur murmure, rendroient ce lieu plus agréable.

La forme de ce cabinet peut être octogone, & le plafond peint en ciel, ce qui formeroit une calotte azurée au-dessus du berceau dont nous avons parlé ; quelques oiseaux qui sembleroient planer dans l'air, pourroient animer cette décoration. Veut-on donner un ensemble plus vivant, il seroit à propos de pratiquer une voliere peu élevée & de toute la largeur de la croisée ; le mouvement des oiseaux & leur ramage contribueroient à dissiper l'ennui du bain. Dans le cas où on voudroit être absolument tranquille, on placeroit au-deſſus de la baignoire un baldaquin ou plutôt un lit à la Polonnoiſe, pour ſoutenir des rideaux d'une blancheur qui effaceroit celle de la neige. Mais *Diane* parcourt quelquefois les forêts. Sa peau peut être altérée par l'ardeur du Soleil. Dans ce cas, des rideaux d'un fond bleu réuſſiroient mieux; tout doit être prévu : ce qui convient à une blonde n'a pas le même avantage pour une brune.

La baie d'entrée doit être fermée de deux portes, on les diſpoſera de maniere que l'une ſoit cloſe quand l'autre s'ouvre. Encore une fois c'eſt *Diane* qui eſt au bain, il ne faut pas qu'un *Actéon* puiſſe l'y ſurprendre.

En fait de décoration on pourroit aller plus loin, & ce ſeroit donner le caractere propre à la choſe. Pourquoi ne repréſenteroit-on pas une grotte digne d'*Amphitrite*, en y faiſant briller les richeſſes de la mer? Pourquoi ne pas former l'intérieur d'une des ſalles du palais de Neptune? Que de choſes intéreſſantes pourroient s'y réunir! Les glaces placées à propos répéteroient des groupes de colonnes qui feroient la baſe de la décoration. La magnificence des beaux & riches percés occasionneroit le plus grand effet. L'ame se trouveroit portée à une sensation délicieuse.

Le char du Souverain des mers pourroit servir de baignoire ; il seroit attelé de chevaux marins qui lanceroient par les narines des jets formant des ruisseaux que l'on verroit couler à travers les rochers, & dont l'onde argentine flatteroit agréablement la vue ; on se croiroit au milieu des mers. Au reste la baignoire n'en seroit pas moins servie par des robinets d'eau chaude & d'eau froide, ainsi qu'il est d'usage:

Voulons-nous enrichir cette composition ? Joignons y, comme nous l'avons dit, le ramage de différens oiseaux, nous l'animons, nous lui donnons la vie. Mettons au-devant & au-dehors d'une partie des percés quelques volieres, plantons-y des arbres ; plaçons-en d'artificiels à cause de l'hiver; faisons-y régner l'illusion ; préparons l'avant-scene par des masses de terrasses, des herbes aquatiques & différens coquillages répandus sur les berges. Au défaut de la nature, les gazes argentées peuvent remplacer le crystal des eaux ; on en imitera le murmure par quelque secours étranger. Ménageons toute la magie de l'optique ; c'est dans ce cas où l'Artiste doit développer ses talens, & faire connoître l'étendue de son Art. Qu'il donne l'essor à son imagination, mais surtout qu'il l'égaie. Il peut échauffer ses idées par l'étude des tableaux & des estampes, par celles de nos décorations de théâtre.

Saisissons au surplus tout ce qui peut contribuer à la facilité du service, & ne négligeons rien pour la commodité.

Des bains semblables doivent l'emporter sur les avantages des bains de riviere ; l'ame y jouit d'une tranquillité salutaire qui est inappréciable. Le bain n'est jamais indifférent, la maniere de le prendre en fait les avantages : cherchons à le rendre en même-temps, agréable & salutaire.

Regrettons qu'on n'établisse pas en France de bains publics, on y trouveroit le double avantage qu'ils serviroient d'écoles pour apprendre à nager ; c'est une science utile, on pourroit même dire essentielle. Ce seroit aussi dans bien des circonstances un moyen de conserver la vie, & une occasion de plus pour l'Artifte de produire dans ce genre des diftributions & des décorations d'une Architecture qui rapprocheroit du goût des Anciens, & mettroit nos Arts en rivalité avec ceux des Grecs & des Romains.

Si on avoit pour projet d'imiter les bains de *Diane*, il s'offriroit d'autres compofitions non moins agréables. On pourroit fuppofer & feindre une efpece de taillis formé par différens arbres, foit toujours verds, foit odoriférans, entremêlés de groupes de rofiers, de chevrefeuils, de myrthes, d'orangers, dont les caiffes feroient en partie cachées par différentes plantes dans des vafes peu élevés.

Quelles idées dans de femblables compofitions la fable ne nous produira-t-elle pas, fi nous voulons nous y prêter, & nous laiffer aller à une imagination fage & raifonnée ! C'eft le palais des Dieux ; ce font leurs habitations à décorer, il s'agit de les foumettre à nos ufages.

Nous ne parlerons pas des bains des anciens pour en faire un parallele avec les nôtres ; ils étoient fuperbes, mais ils étoient publics, & leur genre ne peut cadrer avec nos mœurs qui entraînent après elles la plus grande sensualité & la délicatesse la plus recherchée.

Nous ne dirons rien de la maniere des Turcs ; pour suppléer aux bains d'eau, ce sont des étuves qui forcent à la sueur ; mais une pareille méthode ne pourroit qu'être préjudiciable dans nos climats ; on a d'autres moyens d'exciter la transpiration.

Il y a aussi des bains de vapeurs ; ces objets regardent la Médecine. Nous parlons de la décoration des bains, elle seule nous intéresse.

Etuve.

L'entrée de l'étuve se placera attenant la salle des bains, elle doit être fermée, ainsi que le cabinet des bains, d'une double porte, & être close de toutes parts. L'endroit ne doit pas être grand, il faut qu'il soit pavé d'une seule dalle recreusée, de maniere que l'eau qui tombe puisse s'écouler au-dehors par le moyen d'un tuyau de conduite avec soupape. La lumiere ne doit partir que d'une baie en

forme

forme de jour de coutume. Dans le fond de la piece il faut une petite auge, dans laquelle tombera l'eau de deux robinets, un d'eau chaude & un d'eau froide. On pratiquera quelques tablettes de marbre, dans les angles, pour y placer les linges, les parfums & les eaux de senteur. Il y aura aussi une petite table pour la facilité du service & du travail, elle doit être placée dans une niche, afin de ne rien prendre sur la piece. Le fond de cette niche, qui sera quarrée sur son plan & en face de la croisée, peut renfermer une glace dans une bordure non dorée, d'un profil léger, sans sculpture. Le pourtour des murs doit être peint en marbre avec panneaux & compartimens d'Architecture. Il faut que le socle soit en rapport de vrai marbre & en recouvrement sur la dalle servant de pavé, autrement le tout seroit détruit en peu de tems par l'eau qu'on y jette avec abondance; ce lieu sera échauffé par des tuyaux de chaleur qui seront d'autant plus aisés à pratiquer, qu'ils prendront leur origine du poële de l'antichambre voisine. Observez à cette occasion que jamais la chaleur conduite par un tuyau ne redescend; le res-

K

faut, de moins d'un pouce en contrebas, lui feroit perdre toute son action : il faut donc que les tuyaux de chaleur soient posés en ligne inclinée au-dessus de l'horisontale. Il est essentiel qu'il y ait au moins deux pouces par toise, le plus ne seroit que mieux ; souvent on manque de chaleur par défaut de cette attention, ou par ignorance de ce principe, qui est tout le contraire de celui des fluides.

Chambre à coucher des bains.

Cette chambre sera très-simple, peu étendue, & aura un jour très-modéré. L'aspect du couchant lui convient ; c'est ici que des rideaux de gaze sont nécessaires ; leur effet est de former ce demi jour utile & favorable au sommeil.

Il ne faut dans cette piece que de la propreté, rien de frivole, point d'ornemens : il suffit d'un lambris de hauteur peint en petit gris très-clair, la cheminée en marbre blanc, le lit de même couleur, avec une petite bordure au plus, où le bleu dominera ; c'est un moyen de donner à l'ensemble l'air de simplicité &

de fraîcheur qui lui est propre. Une alcove en niche convient pour cet endroit, il semble que le repos y regne davantage. D'ailleurs on formera de chaque côté une garderobe, à moins qu'on n'en ait de particulieres ; elles sont essentielles pour le bon ordre ; le repos en sera moins interrompu, & les domestiques de service plus à leur aise.

Cette chambre sera parquetée & plafonée avec une corniche, d'un profil peu chargé de moulures, de sorte que le tout semble être fait exprès pour ne pas fixer l'attention. Une prétention recherchée, trop de richesse, trop d'arrangement pourroient dissiper les douces vapeurs de Morphée. Ecartons tout objet de dissipation, respectons le sommeil & cherchons à le fixer dans des instans aussi précieux. Donnez à ce lieu une proportion Toscane, le caractere sérieux lui convient. Ne craignez pas d'y placer quelques glaces, elles imitent une belle piece d'eau, dont la tranquillité semble appeller & fixer le sommeil ; dans tout l'ensemble faites régner la monotonie, elle engourdit & captive les sens ; elle fait bailler, on s'endort.

Garderobe des bains.

Ces garderobes particulieres servent à placer tous les accessoires relatifs à la salle des bains; on y met les robes & linges pendant qu'on se baigne, les gens qui servent s'y retirent lorsqu'ils sont inutiles.

Dans ce lieu particuliérement, tout doit être en place, il seroit désagréable de voir traîner des habillemens, ne négligez rien de ce qui tend à établir l'ordre, & la propreté. Ces garderobes doivent donner l'idée du plus grand arrangement.

Il y faut une cheminée pour chauffer le linge, des devantures d'armoires avec des tablettes & des porte-manteaux, une table couverte d'un tapis, quelques chaises. Cette piece sera plafonée, les carreaux seront de pierre de liais, dans tout le pourtour un lambris de hauteur, peint en petit gris, ainsi que les portes, armoires & croisées.

Garderobe de propreté.

Il doit y avoir une garderobe de propreté, nous en avons assez dit en parlant de la chambre à coucher; on peut y avoir recours.

Tels sont les accessoires de l'appartement d'une dame, en observant encore, qu'au-dessus de ces pieces, qui en général doivent être peu élevées, on pratique comme en entresol, le logement des femmes de chambre; il leur faut à chacune deux chambres à cheminée, & une troisieme assez grande & commune pour le travail ordinaire, où il y ait un poële. On peut y joindre deux autres pieces, dont une pour une ouvriere, & l'autre pour la fille de garderobe. Ménagez-y un escalier qui communique aux garderobes & à la chambre à coucher.

Lingerie.

La lingerie ne doit pas être éloignée; c'est une grande piece garnie dans son pourtour d'armoires avec des tablettes. Au milieu de la piece une grande table, afin d'y poser le linge dont on veut se servir, ou que l'on désire raccommoder.

Le logement de la femme de charge en sera voisin. Il lui faut trois chambres à cheminée & une pour le travail ordinaire, dans laquelle on placera un poële.

Mais laissons ces pieces dont nous ne parlons dans le moment que pour l'ensemble, n'ayant d'autre rapport à notre distribution, qu'en ce que chaque partie doit être relative au tout. Contentons-nous donc de dire qu'il faut leur donner, un air de propreté & d'aisance, beaucoup de jour, des communications aisées & des entrées faciles.

Il ne faut pas que l'intérieur des appartemens se ressente du bruit & du travail de ces endroits : mais cependant leur proximité des pieces principales est nécessaire pour le service, il est essentiel qu'il y ait toujours une femme de chambre à portée.

L'ensemble d'un pareil appartement, est ordinairement destiné à la Maîtresse de la maison. Celui du Maître demande un genre & un caractere différent ; les profils, les masses en doivent être plus séveres, & les formes quarrées.

Si c'est pour un Militaire, les ornemens different entiérement de ceux qu'on emploieroit pour l'appartement d'un Magistrat : ici ce sont les attributs de *Mars* ; là ce sont ceux de *Thémis*.

Le prononcé des contours doit différer extraordinairement entre l'un & l'autre appartement. Dans celui du Militaire tout doit être heurté, rien de maniéré, beaucoup de formes quarrées & peu de rondes. C'est avec une main tremblante qu'on doit mêler quelques myrthes aux lauriers qui ceignent le front superbe d'un guerrier. Pour le second au contraire, il faut que l'ensemble soit plus lié, qu'il ait plus d'accord, que son caractere enfin soit de la plus noble simplicité. Ce ton préviént, & tranquillise l'esprit inquiet des clients. Aussi un des principes sur lequel nous ne pouvons trop appuyer, c'est que, par l'harmonie du tout & par l'accord de l'ensemble, on connoisse que le cœur de celui qu'on vient solliciter est pur, qu'il sait dissiper le chaos de la chicane, & réduire les choses à leur vrai principe. La pureté des profils contribue beaucoup à cette espece de sensation, ainsi que la maniere d'éclairer; il faut que le tout soit frappé d'un beau jour, mais non pas trop vif.

Ce n'est pas un systême vague, il a ses bases établies. En effet il y a peu de personnes qui, en entrant dans de certains appartemens, n'éprouvent fubitement un mouvement de l'ame, tout contraire à celui avec lequel elles étoient entrées : c'eft le lieu feul qui l'infpire ; l'enfemble d'un appartement porte à la confiance, de même qu'une prifon excite l'horreur.

Parcourons différens genres, mais feulement relatifs aux états.

L'appartement d'un homme riche peut comporter la prodigalité & la fomptuofité des ornemens & des dorures. C'eft le palais de *Plutus*, la magnificence fait fon caractere ; mais il faut une progreffion méditée, pour que les pieces les plus importantes fe diftinguent des autres. C'eft la gradation de richeffe, à mefure qu'on pénetre dans les dedans, qui fait la magie & excite la fenfation. Difons donc que l'enfemble d'un pareil appartement doit reffembler d'ailleurs à peu de chofe près pour l'arrangement, à celui que nous avons deftiné à la Maîtreffe de la maifon, c'eft en quelque façon le même caractere, la richeffe fomptueufe en fera la différence.

L'appartement d'un Grand doit être traité

avec noblesse & majesté; les belles masses préviennent la sensation, les profils l'excitent, les ornemens la décident; les superbes percés, les glaces répétées, sans être trop multipliées, contribuent au faste qui peut y régner; les titres & les rangs l'autorisent dans nos mœurs.

Un appartement destiné à un homme de la Cour ou à un homme en place, demande des pieces vastes, de la grandeur dans les dimensions, des dispositions simples dans les plans, & sur-tout des effets larges. Les petits détails doivent être sacrifiés, les objets mesquins bannis, l'excès de recherche évité avec soin.

L'appartement d'un Prélat doit être traité, à peu de chose près, dans le goût de celui du Magistrat, les attributs seuls qu'on fait entrer dans les ornemens doivent différer. Il est inutile de dire qu'il ne faut pas de cabinet de toilette ni de boudoir; mais qu'il convient de pratiquer des arrriere-cabinets, des oratoires: ces pieces annoncent la modestie & excitent au recueillement. Les jours bien ménagés, beaucoup d'harmonie dans les masses & dans les profils produisent aussi ces sensations. Le beau morceau de ce genre, qui se trouve au chevet de l'Eglise S. Roch, répand sur l'ame l'effet dont nous parlons, & devient un exemple précieux. En général chaque piece de l'appartement d'un Prélat doit inspirer le respect & la piété. C'est l'appartement d'un vrai Pasteur, doit-on dire, on y respire les sentimens que nous dicte notre Religion belle, pure & simple. Au surplus, si dans un tel palais on sacrifie un peu au décore, (puisque par état on est obligé de représenter) il n'y faut rien de somptueux, sur-tout dans l'ameublement; ce seroit manquer au caractere qui fait un des principes d'après lequel on doit partir ; ce seroit pécher contre la charité qui exige un emploi plus louable des revenus.

L'appartement d'un Ministre tient entiérement à celui d'un Grand : il y doit représenter son maître, il convient d'y exprimer tout à la fois l'autorité, le pouvoir, la bonne volonté, l'affabilité, le desir même de captiver les cœurs : sentimens nobles & dignes de l'humanité. On trouvera cette sensation dans la fierté des profils, dans leur belle proportion, dans leur harmonie, dans l'ensemble

DE L'ARCHITECTURE. 155

des masses, & dans les jours bien ménagés. Les différentes expositions du soleil ont leur propriété pour exciter & exprimer les sensations. Les différentes heures du jour en doivent produire beaucoup d'autres auxquelles on donnera un caractere par la disposition des belles masses; c'est à l'Architecte habile à savoir en tirer parti : s'il est vraiment éguillonné par la gloire, & s'il aspire à la célébrité, il doit étudier & saisir les grands & beaux effets de la nature, les contempler, les interroger.

C'est à la composition d'ailleurs, c'est au jeu, au développement, au rapport du tout avec ses parties, que ces caracteres doivent leurs traits principaux; qu'on se ressouvienne encore que les formes ne nous satisfont, qu'autant que l'Art nous les présente sous une apparence de vérité, & que lorsque l'illusion n'est pas portée à un certain degré, il n'y aura tout au plus que la surprise du premier coup-d'œil, autrement l'ennui & le dégoût la suivront de près. Les grands effets naissent de la chose même, & ne dépendent pas de ces petits ornemens auxquels on donne souvent trop de valeur : les formes les plus élégantes &

le plus heureusement imaginées nous touchent peu, si leur choix & leur arrangement ne produisent certaines expressions; elles ne plaisent qu'autant qu'elles sont employées à propos. L'ensemble doit frapper d'abord par un air de magnificence ou de simplicité, de gaieté ou de tranquillité, enfin par quelque caractere général; & tous les objets qui s'éloigneront de ces caracteres, quelqu'agréables qu'ils soient, doivent en être exclus.

Il est bon d'avoir parlé du caractere relatif au genre de personnes pour lesquelles on peut bâtir, mais ce n'est pas assez; comme il est des loix générales & des moyens particuliers pour les exprimer, passons-les en revue, ce sont des tableaux que nous avons à considérer.

Cabinets.

Nous avons exposé ce qu'il y avoit à observer pour l'appartement d'une Maîtresse de maison, nous avons parlé des antichambres, & dit que la premiere pouvoit être commune avec l'appartement du mari, nous remarquerons pour le moment, que, d'après cette premiere antichambre, les pieces prennent le nom de cabinet, & qu'il en faut deux pour précéder le cabinet principal ; ils sont ordinairement parquetés & plafonés avec corniche ; la richesse y doit marcher par progression : ordinairement ces cabinets sont décorés dans leur pourtour d'un lambris d'appui, & le reste est tendu en étoffe d'une seule couleur ornée de quelques beaux tableaux ; quelquefois on les tend en belles tapisseries de Beauvais : mais alors, autant qu'il est possible, on doit être attentif aux sujets qu'elles peuvent représenter, elles ne sont intéressantes que quand le tout est analogue au genre de la personne qui en est propriétaire : c'est une réflexion à laquelle on ne s'attache pas assez.

Les cheminées sont en marbre, une glace au-dessus ; mais les parquets décorés en conséquence de l'endroit & des regles que nous avons déjà données. Au surplus, dans chacune de ces pieces on doit placer un bureau ; un lustre peut embellir le second cabinet.

Souvent le grand sallon peut suppléer au grand cabinet ; mais alors il doit être arrangé en conséquence de nos observations pour le genre & pour le caractere. Quoi qu'il en soit, il est toujours mieux d'en faire une piece particuliere : voyons donc ce qui lui convient.

Grand Cabinet.

Le jour doit y être favorable, &, pour cet effet, on le tirera du côté de l'Orient; il ne faut pas qu'il soit trop vif par la multiplicité des croisées, il est au contraire avantageux qu'il y en ait plutôt moins que trop. Cet endroit sera parqueté; si l'on y veut de la richesse & qu'on ne craigne pas la dépense, des compartimens en bois précieux & en ébénisterie y pourroient convenir : pendant l'hiver tout le plancher de cette chambre sera couvert d'un superbe tapis. Le plafond doit être avec corniche sculptée & dorée, mais que le tout y soit placé avec une main sage, prudente, & toujours avec une circonspection qui n'admet que des choses relatives. Un beau lambris de hauteur, dessiné en grandes masses & avec des compartimens, d'heureuses proportions propres à recevoir de beaux tableaux placés avec art & suspendus avec grace, conviendront au caractere général. La cheminée sera

DE L'ARCHITECTURE. 159

en marbre blanc veiné, garnie de bronzes dorés d'or moulu, ainsi que le feu & les bras, les candélabres qu'on peut placer dans les angles de la piece seront composés pour être d'accord avec le meuble, ils peuvent être dorés : une glace ornera la cheminée.

Les portes seront à l'enfilade de celles des antichambres; cependant comme il est nécessaire que les personnes qui se trouvent dans le cabinet, n'y soient pas trop apperçues lorsqu'on ouvre les portes, elles doivent être à une des extrémités, & dans ce cas il en faut de doubles, arrangées de maniere qu'en sortant, on ne se trouve pas renfermé entre les deux comme en prison, ce qui arrive souvent. Au surplus, elles doivent être d'une belle proportion, dessinées avec de grandes parties, & les moulures taillées d'ornemens ; le goût doit dicter l'emmanchement de leur dessus : on y mettra des tableaux ou des bas-reliefs ; mais ces ornemens doivent tendre à une forme pyramidale, & couronner le tout. Quelquefois les dessus des chambranles seront avec frises & des corniches, soutenues par des consoles couvertes d'une belle feuille d'acanthe. Dans la frise même on peut mettre des ornemens. Des enroulemens y réussiront bien. La corniche & les chambranles seront dans tous les cas profilés d'un bon genre, & tiendront de la proportion Corinthienne, ainsi que tout l'ensemble de la piece qui sera peinte en beau blanc de Roi, & les moulures sculptées avec goût seront dorées, ainsi que les autres ornemens. Mais, encore une fois, pour bien prendre le caractere & le genre de la piece dont il s'agit, il faut que le tout soit arrangé de maniere, qu'il semble ne pouvoir être autrement. Mettez de la richesse & rien de superflu, c'est un principe dont on ne doit pas s'écarter, & sans lequel on ne peut atteindre au beau.

Il y aura dans cette piece un bureau avec ses accessoires, & quelques corps d'armoires perdus dans les lambris, pour placer les papiers précieux qui ne peuvent rester sur le bureau ; c'est un dépôt particulier auquel on ne peut donner trop de sureté.

Cette piece doit être au surplus accompagnée d'un arriere-cabinet & d'un serre-papier, il lui faut aussi une garderobe & un dégagement.

Arriere

Arriere Cabinet.

L'arriere-cabinet est un diminutif du premier, il ne doit pas être trop grand, & en conséquence la hauteur doit y être relative : par ce moyen on en tire un double avantage. Dans la hauteur de l'étage, on pratique un plancher qui procure un serre-papier ; on y communique par un petit escalier placé au fond de l'arriere-cabinet, dont l'entrée perdue dans les lambris sera par le dégagement ou même par le cabinet. Il est consacré à la tranquillité & au travail du Maître, personne n'y doit entrer. On aura soin qu'il soit parqueté & plafoné avec corniche, & d'y admettre une sculpture légere ; la cheminée en marbre blanc veiné ; une glace au-dessus ; un lambris de hauteur peint en blanc, ainsi que tout le reste, même les futs du meuble : point de dorure, un bureau en bois de rose couvert de maroquin, un serre-papier sur le bureau, quelques chaises, deux fauteuils, c'est tout l'emmeublement.

L

Serre-papier.

Le serre-papier est une piece où le Secrétaire met les papiers, dont on a besoin journellement, car on peut supposer encore un cabinet des archives pour mettre les titres & les pieces essentielles d'une maison. Nous en parlerons, en faisant le détail du logement des différens Officiers. Quant à l'ensemble du serre-papier, cette piece sera carrelée en pierre de liais pour éviter les insectes. Il y aura dans le pourtour des corps d'armoires vitrées en grands carreaux de verre de Bohême, le tout fermé sous la même clef; le plafond avec une petite corniche qui couronnera les armoires; point de cheminée, le feu est dangereux; une table couverte de maroquin, quelques chaises, cela suffit.

Garderobe.

Nous en avons assez dit sur les garderobes de propreté, celle-ci demande moins de recherche, l'intelligence de l'Architecte en décidera.

Dégagement.

Le dégagement dont il s'agit doit donner sur quelque piece de distribution, telle que peut être celle des bains, ou quelqu'autre piece ayant communication immédiate à la chambre à coucher. Ces dégagemens sont essentiels dans la distribution des appartemens pour la plus grande tranquillité des personnes, sur-tout, qui ont quelque représentation à observer, au moyen de ces dégagemens. On sait que, dans la plupart des maisons, il y a des faux-fuyans, on peut croire que vous en avez profité pour sortir, pendant que vous êtes occupé dans l'intérieur. La chambre à coucher ne sera pas éloignée, & le tout sera relatif à l'état du Maître qui doit l'occuper, en consultant toujours le caractere & le genre de la piece que l'on traite.

C'est à la suite de pareils appartemens, & sur-tout celui d'un Prélat, d'un Ministre ou d'un Magistrat qu'on peut désirer une bibliotheque: cette piece est essentielle, il ne convient pas d'avoir ses livres épars & souvent répandus dans des corps d'armoires placés dans les antichambres; il faut nécessairement éviter cette espece de désordre, il n'est pas décent de faire un cabinet de travail de ses antichambres ; le repos nécessaire ne pourroit y être établi. Les livres sous de simples grillages ne sont pas assez en sureté, ils restent trop exposés à la poussiere, à la fumée des poëles, & même à l'incendie. En effet, on devroit avoir pour regle générale, ainsi que dans maintes communautés, de ne jamais entrer avec du feu dans les endroits où il y a beacoup de livres.

Bibliotheque.

La bibliotheque est une piece qui mérite attention, son caractere doit être noble & sérieux. La proportion Dorique lui est propre, le reste dépend des masses, ainsi que de la suite naturelle de la lumiere & des ombres. Au surplus tous les jours ne lui sont pas égaux, l'aspect du Nord lui est le plus favorable : tout triste que soit le jour de ce côté, il est égal, & l'air qui en vient est contraire aux insectes qui peuvent s'attacher aux livres & les ronger. Les croisées cependant d'un seul côté ôtent la symmétrie, c'est un inconvénient ; en feindre

DE L'ARCHITECTURE. 165
de l'autre côté, c'eſt perdre beaucoup de place & faire une dépenſe ſuperflue : pour y remédier, ne ſeroit-il pas à propos d'éclairer ce lieu par le plafond, ſoit au moyen de chaſſis de verres, ſoit au moyen de lanternes ou de coupoles artiſtement rangées & diſtribuées. Ces parties peuvent être quarrées ou rondes comme nos ſalles à l'Italienne. Les quarrés ou les méſanines ſembleroient mériter la préférence. On fera attention de les diſpoſer de hauteur d'enſeuillement, de maniere que le ſoleil ne puiſſe frapper ſur les corps d'armoires. De belles courbes partant du deſſus de la corniche qui couronnera les armoires, ſoutiendront cette eſpece d'attique, & le tout ne pourra manquer de faire un bel effet, ſi la voûte eſt continuée dans les intervalles avec des arcs-doubleaux & caiſſons. Peut-être dira-t-on que ce genre de décoration demande une grande hauteur de plancher, cela eſt vrai : mais en même temps rien n'empêche qu'à la hauteur de huit à neuf pieds il y ait une galerie artiſtement ſuſpendue, à laquelle on communiquera par de petits eſcaliers perdus dans le corps des armoi-

L 3

rès & l'épaisseur des murs, dans lesquels, lors de la construction, on observera des vuides comme pour des baies de croisées: cette galerie donnera la facilité d'atteindre tous les livres, sans courir les risques de monter à des échelles trop hautes & dangereuses; alors de petits marche-pieds de quatre pieds au plus de haut suffiront pour la partie d'en-bas. Quant à celle de la galerie, il ne faut pas que le corps d'armoire excede six pieds de haut. D'après ces proportions & cet ensemble, le tout sera noble & majestueux; l'usage en sera commode; les jours exciteront au recueillement & à l'étude. Entre chaque corps d'armoire, on placera les bustes des grands hommes, portés sur des gaines qui seront décorées, & sur lesquelles les noms seront inscrits. Cette précaution satisfait le spectateur, ménage l'amourpropre, & prévient des questions souvent importunes.

Il doit y avoir dans toute la longueur de la bibliotheque des tables couvertes de tapis, ce sont les corps d'armoires qui donneront la division de ces tables; entre chacune il y aura un espace de trois pieds au moins. Peut-être ne seroit-il pas mal-à-propos de pratiquer de petits cabinets pour les personnes qui aiment le recueillement, & semblent ne pouvoir donner carriere à leurs idées lorsqu'elles savent être apperçues ; il ne faudroit qu'une petite table & une chaise dans chacun de ces réduits ; une tablette à hauteur d'appui y sembleroit utile pour poser quelques livres, & ne pas embarrasser la petite table.

Nous pensons que de beaux globes terrestres & célestes sont convenables & utiles dans une Bibliotheque ; ils offriront encore un genre de décoration noble & intéressant.

J'aimerois mieux du carreau de pierre de liais que du parquet. Si l'on se plaint du froid, une foible dépense de tapis pour mettre sous les tables y suppléera. Le carreau a ce double avantage, qu'il amasse moins de poussiere & ne sert pas de refuge aux rats & aux souris. La petite fraîcheur qu'on lui reproche est un moyen d'empêcher les insectes qui détruisent les livres & leurs couvertures.

Pour plus grande perfection, il conviendroit que l'entrée fût vers le Midi, mais précédée d'une antichambre, & que, par le bout opposé qui seroit vers le Nord, il y eût une grande baie de croisée ; ces deux parties pourroient se décorer avec la plus grande symétrie, & on auroit l'avantage d'avoir un air circulant qui se renouvelleroit à volonté. Les portes d'entrée pourroient être de fer garnies de fortes tôles, & les châssis en vitrage seroient aussi de fer avec des volets pareils à la porte ; de maniere qu'on n'auroit pas de feu à craindre par les deux extrémités. Les châssis pour les mésanines seroient alors de même genre, ainsi que les bâtis des corps des armoires & les tablettes. Mais ceci n'est pas relatif au plan que nous nous sommes proposé. C'est l'harmonie, ce sont les proportions qui nous guident, ce sont les sensations qu'elles peuvent exciter, qui font l'objet de notre travail. Nous y revenons avec empressement.

Cabinet attenant la Bibliotheque.

Ce cabinet est une petite bibliotheque où se mettent les livres les plus rares, les manuscrits particuliers & les objets qu'on ne veut

DE L'ARCHITECTURE. 169

pas abandonner à la difcrétion de tout le monde. C'eft dans cet endroit auffi où l'on met les livres nouveaux qui ne font pas encore arrangés ; ce que nous avons dit pour la bibliotheque y doit être obfervé en général. Les jours qui viennent d'en-haut font plus favorables que ceux que l'on pourroit tirer d'une croifée à hauteur d'appui ; auffi confeillons-nous volontiers d'arranger ce cabinet, de façon que dans tout le pourtour il y ait un corps d'armoire de fix pieds environ de haut ; couronné d'une petite corniche, & d'un focle fur lequel feroient pofés de diftance en diftance des vafes de bronze ou autres ornemens précieux. C'eft au génie, c'eft au goût à faire cette difpofition, en fe renfermant dans le caractere de la chofe. Du deffus on peut tirer les jours néceffaires pour éclairer, tel à peu près qu'un Peintre fait dans fon attelier ; ils en font plus fuaves, & ce moyen excite au recueillement & évite la diffipation.

Le plafond fera tout en blanc, on peut cependant y peindre fur un beau ciel *Apollon* & les *Mufes*.

Au milieu de cette piece il y aura une table

portée sur des pieds de fer & garnie d'un tapis verd. Cette couleur est amie des yeux ; des chaises & des plumes, de l'encre & du papier font le surplus de l'emmeublement.

On pourroit encore désirer un petit arriere-cabinet, mais cet endroit n'est qu'une piece ordinaire pour servir de dépôt, & contenir les ballots de livres lorsqu'ils arrivent. Il suffit de quelques corps de tablettes dans le pourtour. Cette piece sera voûtée, les portes avec bâtis de fer recouverts en forte tôle, ainsi que les volets, les croisées avec pareils bâtis ; ce sont des moyens qu'on ne peut trop recommander dans un endroit où il y a des papiers.

Cabinet de Médailles & d'Antiquités.

Le cabinet de médailles & d'antiques doit avoir en dimension pour son plan un parallélogramme, qui aura une fois & demi en longueur ce qu'il peut avoir en largeur. Il doit être parqueté & plafoné, on ne peut lui donner un jour trop sévere ; celui de l'Orient est le plus favorable. Il y aura plusieurs belles armoires artistement rangées, remplies de pe-

DE L'ARCHITECTURE. 171
tits tiroirs garnis de coton, & sur lequel seront les médailles. Le surplus de la piece sera avec tables de marbre blanc le long des murs, sur lesquelles on mettra les bronzes & autres morceaux. L'ensemble de cet endroit tiendra de l'Ordre Dorique. Les croisées, les portes, les trumeaux, les masses enfin doivent en avoir les proportions, ainsi que les profils. Il faut beaucoup de sévérité; toutes les formes doivent y être dessinées quarrément, telles à peu près que nous les avons prescrites pour le cabinet d'un Militaire.

Cabinet d'Histoire naturelle.

Le cabinet d'histoire naturelle doit former une belle galerie; peut-être pourroit-on désirer que les jours vinssent d'en-haut, ou au moins du dessus des corps d'armoires qui doivent être dans tout le pourtour. On pourroit donner à chaque corps le genre d'ornemens qui seroit propre aux objets qu'il renfermeroit, quoique tous égaux en masses & en compartimens pour ne rien déranger de la symmétrie. Par ce moyen, à la seule inspection de chaque partie, on connoîtra ce qu'elle doit contenir. Toutes ces armoires doivent être garnies de tablettes aux hauteurs qu'exigeront les différentes classes d'objets qu'elles renferment. C'est à celui qui en aura soin à décider. Au surplus, toutes les portes en doivent bien fermer, & être garnies de grands carreaux de verre, pour éviter la poussière & pour faciliter la jouissance.

Les bas de ces armoires formeront à hauteur d'appui des especes de buffets plus profonds de six à sept pouces que les parties au-dessus. La tablette qui couvre cette saillie sera en marbre blanc, & procurera l'avantage de pouvoir poser différens objets, en attendant qu'ils soient placés, ou lorsqu'on veut les voir de près; c'est un moyen aussi de donner retraite aux corps un peu forts, & qui demandent de la place.

Tout cet endroit sera en carreaux de pierre de liais & plafoné : l'ensemble doit tenir de l'Ordre Ionique. Les richesses de la nature y sont rassemblées, mais ces richesses y sont encore brutes & dans leur premier ordre. C'est à la nature même que ce lieu est destiné; son caractere est simple, mais noble; sa beauté est pure & sans art.

L'Ionique fournira donc les proportions convenables. A côté de cette piece il en faudroit une autre moins grande, garnie seulement de tablettes pour servir de dépôt, & même pour y laisser travailler lorsqu'il s'agit de réparations.

Cabinet des Machines.

Ce cabinet sera traité dans le même goût que celui d'histoire naturelle, mais le caractere en sera différent. On se servira des proportions de l'Ordre Dorique; il est sévere, la sévérité est une suite des réflexions, & c'est la sensation qui y est propre.

Tel est l'ensemble d'une bibliotheque & des différens cabinets précieux pour le genre de science qu'ils renferment. Mais comme l'esprit ne peut être toujours occupé, passons à d'autres distributions, telles que celles de la salle à manger.

Salle à manger.

Dans les grandes & dans les nombreuses distributions que les Anciens donnoient à leurs édifices, ils pratiquoient plusieurs salles de festin. C'étoient des lieux vastes, percés seulement de portes & de croisées, mais sans aucunes décorations ; ils ne pouvoient inspirer aucune sensation, l'idée seule d'un bon festin avoit le droit d'exciter la joie.

Lucullus, ce somptueux Romain, fut surpris par des amis qui lui demanderent à diner. Ce Consul, sans faire connoître le repas superbe qu'il désiroit qu'on servît, nomma seulement à son Maître d'hôtel la salle d'*Apollon* où il vouloit traiter ; cela suffit pour donner sur le champ la fête la plus complette & la plus somptueuse. Rien de mieux, mais l'objet principal étoit le festin. Nous sommes plus sensuels, sans être moins gourmands ; aussi analysons-nous davantage nos plaisirs. Nous voulons que la beauté du lieu en fasse un des principaux objets. Disposons-le donc de manière que la charmante *Hébé* soit jalouse d'embellir le lieu que nous allons décrire ; qu'elle y verse à pleins vases le nectar des Dieux ; que la gaieté, la fraîcheur, les vives couleurs, & le caractere de la belle jeunesse y donnent le ton de décore. Que *Comus* y

DE L'ARCHITECTURE. 175

devienne un dieu délicat, & *Bacchus* un dieu d'agrément.

Les portes seront au couchant, & précédées d'une superbe piece, où l'on dressera des tables pour recevoir & préparer avec symétrie les différens services. Le jour qui l'éclairera sera pris du côté de l'Orient ; les dehors de ce côté seront terminés par les points de vue les plus agréables. Les parterres, les bosquets, les fontaines, les cascades embelliront ce lieu pendant l'heure du dîner : le soir la décoration changera ; les lustres, les candélabres remplaceront l'éclat, les beautés de la nature ; par leurs répétitions dans les glaces, les richesses seront multipliées, & tiendront de l'enchantement. *Cloris* connoît l'effet des lumieres, & *Cloris* saisit cet avantage ; son triomphe est d'imiter la beauté & la jeunesse d'*Hébé*. Son humeur en devient plus gaie, elle contribue à la magie de l'ensemble, & y appelle les plaisirs délicats.

La salle à manger tiendra de la proportion de l'Ordre Ionique ; sa dimension sera relative au nombre de personnes qui doivent y être reçues ; qu'elle soit plutôt trop grande que trop petite ; il faut être à l'aise dans un repas, & il est essentiel que le service en devienne facile. La longueur de cet endroit sera en conséquence de sa largeur. En général, pour avoir une belle proportion, il faut donner au grand côté la longueur de la diagonale qu'on trouve dans le quarré du petit côté, c'est-à-dire, que le grand côté du parallélogramme sera à peu de chose près d'un tiers plus grand que le petit côté. Ce n'est pas une proportion de rigueur mathématique, notre but est de parler aux yeux sous la forme la moins compliquée.

Au lieu d'angles on peut former des pans pour y placer des glaces ; la répétition en est heureuse, si elles se trouvent posées suivant les regles de l'Art. Au-dessous de ces glaces on mettra des cuvettes de marbre blanc veiné, pour y rincer les verres, & recevoir une eau pure & limpide qui tomberoit pendant l'été, soit en nappe soit en cascade, & qui formant mille jeux différens, répandroit dans tout l'endroit une fraîcheur délicieuse. Pendant l'hyver, il faut éviter ce qui peut occasionner un humide désagréable, & se contenter

DE L'ARCHITECTURE.

ter alors d'une petite quantité d'eau, en la laissant échaper du bec de quelques oiseaux aquatiques. C'est à l'Artiste à se renfermer dans les bornes relatives au lieu & à la saison. Quelles heureuses répétitions par le moyen des glaces ! Quel mouvement dans tout l'ensemble ! Les Anciens n'avoient pas pareils avantages, ils sembloient en ressentir le besoin : quelles recherches ne faisoient-ils pas ? Lisons Pétronne, nous verrons la voûte d'une salle de festin imiter les mouvemens du ciel, & par une douce rosée répandre les parfums les plus délicieux. Il ne faut rien épargner, tout doit concourir à la satisfaction ; avec simplicité & sans prétention.

Les croisées qui se trouveroient placées dans les longs côtés ne pourroient que bien réussir ; étant à l'aspect du Midi & du Nord. On y trouveroit le double avantage d'ouvrir & de fermer le côté le plus favorable, suivant la circonstance. Dans les beaux jours d'été on profiteroit du Nord, dans l'hiver on auroit le Midi. Avec un peu d'attention on pourroit en tout tems y conserver une température égale. L'art a de grandes ressources pour combattre la rigueur des saisons. L'été, ce sont des jalousies mouvantes, ou des croisées fermées pour s'opposer à l'ardeur du Midi. L'hiver, pour le côté du Nord, on a des sourdines ou des contrevents matelassés fermans bien exactement. Voulez-vous tirer de la chaleur des cheminées voisines, sans altérer, en aucune maniere, celles des pieces ; faites usage des tuyaux de chaleur.

On place d'ailleurs dans un des fonds de la salle un poële bien dessiné dans une niche artistement décorée, & analogue à l'endroit. Dans la partie opposée on pratique une pareille niche avec une table de buffet qui sert, ainsi que le poële, de piédestal aux statues dont on orne ces deux niches : ici c'est *Hébé*, là c'est *Flore* ; les statues d'hommes n'y réussiroient pas, il faut donner la préférence aux objets agréables ; rien de sévere, rien qui puisse en imposer ; les plaisirs ne veulent pas de contrainte, tout doit respirer l'aisance & la liberté.

Nous avons vu quelquefois des poëles isolés en forme de socle, & au-dessus des colonnes de la hauteur de la salle qui en font l'ornement, & à travers desquelles passe la fumée. Dans ce cas, on fait régner dans tout le pourtour de la piece l'Ordre d'Architecture qui lui convient; ce qui étoit sujétion devient ornement & d'une très-grande richesse: dans les entrecolonnemens on place des statues, on met des bas-reliefs, on introduit des médaillons au-dessus de l'imposte; enfin cette piece est susceptible du décore le plus agréable, elle pourroit être incrustée en marbres fins; mais comme l'exécution deviendroit presque impraticable par la grande dépense, contentons-nous du stuc, avec compartimens de table & encadremens d'Architecture. Au défaut de stuc, on peut peindre le tout en marbre poli & verni. On fera attention d'apporter beaucoup d'harmonie dans le choix des différentes couleurs; des marbres blancs veinés, & ceux de Sienne s'accordent bien. Ceux d'une couleur gaie doivent avoir la préférence. A l'égard des figures, s'il y en a, elles seront blanc statuaire. La couleur des meubles sera relative à celle des marbres; il doit régner dans le tout un accord dont les yeux soient satisfaits & l'ame contente.

Le décore des marbres est un des plus beaux que l'on puisse pratiquer ; il produit le plus riche effet. L'ensemble devient flatteur par l'assortiment ; & le vrai moyen d'y réussir, est de n'en employer que de deux ou trois sortes.

L'Ordre Ionique est celui qui semble convenir le mieux à une salle à manger, comme nous l'avons dit : c'est le caractere qui lui est propre, & dont on ne doit pas s'écarter pour l'ensemble.

Cette salle au surplus est susceptible de mille décorations différentes ; tantôt ce sera un lambris de hauteur avec de grands paneaux renfermés dans un beau cadre, profilé avec art ; quelquefois on y substituera des tableaux. Le goût doit conduire dans le choix des sujets, ils seront toujours analogues à la piece. Jamais rien de sérieux ; la gaieté, qui convient si bien dans le repas, & qui est le caractere propre du François, pourroit en être interrompue ; on a quelquefois des querelles dont on ignore le motif.

Alexandre, animé par une musique trop

passionnée (1), tua Clytus l'un de ses favoris. Il y a un air fort commun en Suisse qu'on appelle la *danse des vaches*, on défend à tout soldat, sous peine de prison, de le chanter lorsqu'il est hors de son pays, autrement la maladie le prend, il déserte. *Aristote* fait mention d'un usage établi chez les Grecs d'adoucir les horreurs du supplice par la mélodie. Le célebre *Tirtée*, en passant du ton Lydien au ton Phrygien, décida de la victoire que Sparte remporta sur les Messéniens. Pourquoi donc l'Architecture n'auroit-elle pas les mêmes avantages & les mêmes droits sur notre ame ? Si jusqu'ici nous croyons ne les avoir pas éprouvés, c'est que nous n'y avons pas fait attention. Heureux si ces réflexions peuvent engager à de nouvelles observations sur cet objet de perfection de l'art de bâtir & de décorer.

On dit, & cela est passé en proverbe, que, pour rendre un repas agréable, il ne faut point que le nombre des convives soit au-dessous de celui des Graces & au-dessus de celui des Muses; dans ce cas on pourroit dé-

---

(1) Plutarque, au Traité de la Colere.

fire une petite falle à manger particuliere. Un endroit trop grand pour un petit nombre de convives paroît défert, on s'y trouve ifolé; il faut que le lieu foit en rapport de ceux qui l'habitent : notre individu fe perd dans l'immenfité, & cette idée humilie notre amour-propre.

Un petit fallon octogone peut donc devenir d'un ufage néceffaire : on peut l'arranger de la maniere la plus intéreffante. La falle des bains peut fervir de modele, en changeant toutefois les attributs. Une table ronde eft agréable & propre à ce lieu, il femble même que cette forme y foit plus convenable ; perfonne n'y eft gêné par les angles, & chacun jouit également. On fe trouve vis-à-vis les uns des autres, la communication eft plus prompte & plus facile, l'élégance du fervice n'en eft pas altérée. Nous dirons même à cette occafion qu'on y pourroit pratiquer des recherches de luxe & de volupté. Qu'on faffe paffer par le centre de la table une tige d'oranger qui ombrageroit les convives, & répandroit fur eux fon odeur agréable, cet embelliffement ne remplaceroit-il pas avantageusement le surtout le plus superbe ? On verroit naître & se développer du sein de son feuillage épais l'albâtre de ses fleurs & l'or brillant de ses fruits. Les idées prises dans la nature plaisent toujours; quelques beaux vases de fleurs pourroient embellir les embrasemens des croisées, n'oubliez pas le myrthe, c'est un présent des dieux; la Déesse de Paphos le planta elle-même dans les sombres vallées du mont Ida; les amours folâtrent sous son léger feuillage. Dans les champs de l'Elisée les amans heureux errent en silence dans une forêt de jeunes myrthes. C'est à l'invention à créer, c'est dans pareille occasion qu'elle doit s'exercer. Donnez-lui l'essor.

Cette piece charmante pour l'été ne le seroit pas moins pour l'hiver, en observant de l'échauffer par un poêle placé dans l'épaisseur du mur, & dont le service se feroit par la piece voisine : on peut pratiquer différens tuyaux de chaleur, & y faire régner la température du printems dans la saison des frimats.

Le carreau doit être en marbre, & dessous

la table il faut un tapis pour poser les pieds.

Si vous faites peindre le plafond, exigez un ciel calme & serein, peu de nuages, l'ame en reçoit cette heureuse impression qui la dispose à la jouissance la plus douce, la plus tranquille : telles sont les sensations relatives à ce lieu, & tel est le but auquel on doit tendre.

Si dans le ciel on peignoit quelques sujets, qu'ils soient entiérement analogues à l'endroit : *Flore*, *Pomone*, *Bacchus* en seront les sujets. Evitez la confusion & la multiplicité des figures ; il ne faut pas que l'œil soit trop dissipé. Le festin & l'ensemble du lieu sont les objets principaux.

On ne peut trop s'appliquer à donner à la salle dont il est question un ton de gaieté ; mais en même tems il faut que ce caractere soit ménagé avec art.

L'enjouement, la propreté doivent en être la base, & se réunir à la délicatesse & au goût.

Veut-on une sensation douce, & qui convienne à l'endroit qui nous occupe ? on placera le long des murs de la salle à manger

DE L'ARCHITECTURE. 185

un petit amphithéatre de deux ou trois gradins sur lesquels on rangera des fleurs toujours fraîches, toujours nouvelles dans des vases d'une forme heureuse & bien dessinée; leurs vives couleurs, leur variété & leur odeur portent à l'ame des sensations agréables. Les fleurs ont été de tout tems la parure des plus beaux festins : lorsqu'on sert les fruits, on en met sur les tables pour embellir les desserts, & ranimer le repas qui commence à languir. Dans les fêtes de campagne où regne la joie, on prodigue les fleurs & les guirlandes. Une jeune épouse, magnifiquement parée le jour de ses noces, croiroit qu'il manque une partie nécessaire à sa parure, si elle n'y ajoutoit un bouquet. Une Reine même, dans les plus grandes solemnités, quoique chargée de pierreries, ne dédaigne pas cet ornement champêtre. Veut-on célébrer la fête de quelqu'un, on commence par offrir une fleur; si l'hiver la refuse, l'art y supplée. N'épargnons donc pas cet ornement simple & naturel, mettons des fleurs dans des endroits où nous voulons de la gaieté, répandons-en sur nos tables, plaçons-les au hasard &

sans symétrie. Si nous mettons trop d'art, une disposition recherchée nuit à l'effet qu'elles doivent produire.

Une aimable *Actrice*, connue par les qualités du cœur & de l'esprit, qui sait analyser le vrai plaisir, a bien senti la valeur d'une pareille idée. D'une serre chaude elle a fait l'endroit le plus délicieux de sa maison qui est un palais de Fée.

Une décoration de salle à manger ne pourroit donc que réussir, si elle étoit peinte avec des fleurs dans de beaux encadremens, ainsi qu'avec des guirlandes galamment jettées, & qui rouleroient dans le pourtour de la corniche ; j'ai vu de ces ornemens sculptés & coloriés avec art, qui faisoient un effet heureux, le goût & le génie réunis font des prodiges : au lieu de panneaux, on pourroit faire encore des espèces d'armoires peu profondes fermées avec glaces, & qui contiendroient de beaux trophées faits de ces fleurs artificielles, qui semblent le disputer à celles que la nature, cette mere féconde, produit dans les plus heureux instans.

Salle du Buffet.

La salle à manger est ordinairement précédée d'une antichambre où se trouvent un buffet pour poser les choses les plus essentielles au service, & un poêle qui non-seulement échauffe la piece où il est posé, mais qui par le moyen des tuyaux communique à la salle cette douce chaleur si nécessaire quand on est à table. Il sert aussi de réchauffoir pour de certains plats, au moins place-t-on dessus les piles d'assiettes, pour qu'elles ne soient pas froides quand on les présente : rien n'est plus désagréable que de voir des mets qui à peine servis deviennent froids.

Cette piece peut être en carreaux de pierre de liais, elle sera plafonée avec corniche, & tiendra de la proportion Dorique ; on la décorera dans le genre de la salle à manger. Si cette derniere est en stuc, ou si elle est peinte en marbre, la piece dont il s'agit doit l'être aussi : mais dans ce cas il faut employer une espece de marbre plus commun. En effet, il doit toujours y avoir gradation de richesse, c'est un principe que nous répétons, & dont on ne doit pas s'écarter ; dans un des bouts ou des côtés opposés au passage, il faut placer de grandes tables sur lesquelles on mettra par ordre les plats avant de les transférer dans la salle à manger ; c'est là que, d'un coup-d'œil, le Maître d'hôtel voit si, d'après son état, il ne manque rien, & si tout est rangé comme il convient ; il n'est plus tems, lorsque le service se fait dans la salle, de s'appercevoir de ce qui pourroit avoir été oublié. Tel intelligent que puisse être celui qui ordonne, il lui faut quelque tems pour y remédier.

On a besoin dans cette piece d'un bas de buffet pour les serviettes de service, & pour mille autres petits objets. Il faut une place marquée pour poser ce que l'on dessert. Par ce moyen, tout sera placé sur la table principale en aussi peu de tems qu'il en faut pour le changement d'une décoration d'Opéra. Le port & le transport des plats ne doit pas se faire par les pieces principales d'un appartement, à peine peut-on le permettre par la premiere antichambre ; il faut que, de la piece du buffet, il y ait un dégagement particulier pour aller aux Cuisines & aux Offices. Il y aura aussi un endroit pour déposer les vins & les liqueurs que l'on croit nécessaires pendant le repas; cette piece doit être précédée d'une autre où l'on puisse mettre les bacquets pour les glaces; & comme souvent dans ce lieu il tombe de l'eau, on le pavera avec des dalles auxquelles on donnera un peu de pente, afin que ces mêmes eaux puissent s'écouler & se perdre au-dehors par le moyen d'une conduite de plomb.

Il faut un endroit pour placer le bois de la consommation du poële; peut-être même seroit-il encore à propos d'avoir une petite piece où il y eût un fourneau avec plusieurs réchaux pour servir de réchauffoir, & conserver la chaleur de certains plats au défaut du poële.

La salle à manger nous conduit naturellement aux cuisines, aux offices & aux endroits accessoires; quoique ces pieces ne fassent pas un objet particulier de décoration, elles ont cependant un rapport de proportion & un caractere qui leur est propre, elles entrent dans notre plan : au surplus, le bon ordre & un accord général font le véritable objet de nos observations.

CUISINES ET OFFICES.

Cuisine.

La cuisine a ses arrangemens particuliers ; la propreté en fait le premier attribut, elle semble annoncer l'excellence des mêts, elle exige une suite d'attentions, la disposition du lieu y contribue beaucoup. Les murs bien blanchis seront droits & sur une même ligne, afin d'éviter les ressauts qui, pour l'ordinaire, sont des magasins à ordures ; il est essentiel que cette piece soit bien éclairée, que la cheminée & les fourneaux reçoivent la lumiere directement ; celle des lampes n'est bonne que pour le travail de nuit, parce qu'elle est indispensable.

La proportion Toscane est celle qui appartient à ce lieu, elle annonce, par son air de force, l'idée d'une cuisine bien fondée.

Toute cuisine doit être spacieuse, l'exposition au Nord lui est favorable ; elle sera pavée & voûtée, autant qu'il sera possible :

les fourneaux placés le long des croisées auront vingt-huit pouces de hauteur au plus, autrement les Cuisiniers sont gênés. Le nombre des réchauds & des poissonnieres sont en conséquence de la maison. Souvent pour de certaines fêtes il y a plusieurs cuisines. La hotte de la cheminée doit être grande & étendue, & couvrir la paillasse qui joint les fourneaux; il y aura à l'âtre & au contrecœur des plaques de fer de fonte; celles du contre-cœur seront entretenues par de grosses barres de fer qui feront recouvrement sur les joints, & qui sembleront réunir ces plaques de maniere à n'en faire qu'une seule.

 Ce sont pour l'ordinaire les parties du haut des croisées qui s'ouvrent : plusieurs raisons y engagent; la premiere, c'est que la chaleur monte toujours, & que par ce moyen la vapeur se dissipe plus aisément; la deuxieme, c'est que si les croisées s'ouvroient par le bas, elles pourroient nuire aux plats qui seroient sur les fourneaux, occasionneroient de la poussiere, & feroient voltiger des ordures.

 Il seroit peut-être à propos que tous les chassis

chaffis fuffent en fer, pour éviter les accidens du feu; on doit même obferver de faire les pieds de la table de la même matiere; on en tireroit un double avantage, la grande facilité pour entretenir la propreté, & le moyen d'éviter le feu.

Les murs feront garnis de tablettes, dans tout leur pourtour on y placera, de diftance en diftance, des petits crochets pour fufpendre une partie des uftenfiles de cuifine.

Dans un des bouts il y aura un robinet avec une auge au-deffous, pour recevoir l'eau, & en même-temps pour laver le poiffon; il faudra faire attention que la décharge de cette eau ne repaffe pas par la cuifine, mais qu'elle forte tout de fuite au-dehors, autrement l'humidité & l'odeur feroient défagréables, & ne s'accorderoient pas avec la propreté.

Au milieu de la piece il y aura une longue table de bois de hêtre; la plupart des autres tables feront fcellées dans les murs, ou pofées de manière qu'elles fe dérangent facilement, pour que l'on puiffe laver fouvent. A cet effet, on donnera au pavé une foible

N

pente & un revers en conséquence, afin que toute l'eau puisse se rendre en-dehors, & le tout sécher promptement. Il vaut mieux paver une cuisine avec de bon pavé refendu en deux, en mortier, chaux & ciment, que de se servir de dalles qui deviennent dangereuses dans les chûtes; on y glisse aisément, pour le peu qu'il y ait quelques parties grasses répandues, ou seulement un peu d'eau; il en arrive les accidens les plus tristes, & avec le pavé on n'est pas sujet à ces inconvéniens.

Garde-Manger.

Attenant & par une entrée particuliere, il doit y avoir un garde-manger; il faut que son exposition soit placée au Nord, que les croisées soient en abat-jour, en forme de soupirail, de façon que les rayons du soleil ne puissent jamais y pénétrer : il est nécessaire d'avoir au moins deux baies de cette espece, afin que l'air circule dans le pourtour des murs. On mettra deux rangs de tablettes, & au-dessous de fortes tables; si l'endroit étoit voûté, il n'en vaudroit que mieux, & dans la partie la plus haute il faut sceller plusieurs poulies qui, par le moyen de différentes traverses de bois ou de cercles garnis de crochets, puissent donner la facilité d'attacher & suspendre les viandes & le gibier : cet endroit peut être dallé en pierres. Il faut observer que tous les murs soient bien enduits, qu'il n'y ait pas de trous, que tous les chassis ferment exactement, ainsi que la porte, afin de ne pas donner d'accès aux rats & aux souris. Au-devant des croisées, il doit y avoir des barreaux de fer, garnis d'un treillis de fil d'archal ; au lieu de carreaux de verre, le chassis doit être garni de toile, afin que l'air puisse se renouveller continuellement.

Garde-Manger pour le Poisson.

Quelquefois, pour la plus grande commodité & pour la conservation des mets, il faut un second garde-manger, à l'effet d'y déposer le poisson. Cet endroit sera pareil au précédent pour les jours, les dalles, les tables & les tablettes. Il y aura un robinet pour l'eau qui servira à laver le poisson, au-dessous une auge dont la décharge se fera par le dehors.

Ces pieces, ainsi que la cuisine, doivent être précédées d'une espece de vestibule qui puisse garantir leur entrée de la chaleur du Midi, d'autant que nous avons dit que leur jour seroit vers le Nord.

Bûcher.

L'entrée du bûcher, où se place le bois pour la consommation de quelques jours, ne doit pas être éloigné.

Le charbon doit avoir aussi son lieu particulier. Au surplus, c'est dans les caves où se place le bois, & il faut pratiquer des soupiraux ou des trous assez larges pour le jetter quand il est déchargé; autrement si on le lançoit par l'escalier, les marches en souffriroient, elles seroient brisées, & la descente deviendroit impraticable en peu de tems.

Rôtisserie.

On pratique souvent une rôtisserie à côté de la cuisine. Cette piece doit être pavée & voûtée, autant qu'il est possible, ainsi que la cuisine & les garde-mangers. La cheminée sera d'une grande étendue, & son manteau aura toute la longueur d'un des côtés; les murs au contre-cœur seront en conséquence garnis de plaque de fer de fonte, les châssis & les pieds de tables feront aussi en fer, comme il a été observé, en parlant des cuisines.

Pâtisserie.

Les mêmes remarques seront faites pour la pâtisserie qui est dans le même canton. Cette piece doit être dallée & voûtée; il doit y avoir une huche au-dessous des baies de croisées, une table au milieu avec des pieds de fer; dans la partie latérale, une cheminée, dont le manteau recevra en partie la vapeur d'un fourneau sur lequel il y aura une chaudiere fixe, pour avoir de l'eau tiede au besoin, & qu'on tirera par un petit robinet qui y sera adapté. Au surplus, l'eau qui remplira cette chaudiere, viendra d'un robinet d'eau froide, qu'on pratiquera au-dessus; de l'autre côté il y aura un four, dont l'ouverture sera disposée en face des croisées, ou plutôt suivant leur diagonale, de façon qu'on puisse voir à travailler & à porter la vue jusques dans l'intérieur du four, lorsqu'on veut y placer quelques pieces de pâtisserie.

On doit au surplus poser des crochets ou supports de fer au manteau, ou plutôt le long de la hotte de la cheminée, pour y placer les fourgons & les autres ustensiles.

Lavoir.

Le lavoir est l'endroit où se rapporte toute l'argenterie, les plats & les assiettes qui ont servi; à l'égard des porcelaines, elles se remettent à l'office ou à l'endroit proposé, qui est pour l'ordinaire un lavoir particulier.

Cette piece sera pavée & voûtée, s'il est possible; il doit y avoir une auge, une chaudiere & une cheminée en hotte. Le service de l'eau se fait par un robinet branché sur le tuyau qui donne de l'eau à la cuisine, & aux autres endroits attenans; la décharge s'en fera par le dehors.

Les baies des croisées seront fermées avec chassis garnis de verre, & par dehors avec des barreaux de fer & des treillis de fil d'archal. Il est même à propos, si cette piece est à rez-de-chaussée, de tenir les appuis à cinq pieds & demi ou six pieds de haut, pour la conservation de l'argenterie qu'on y dépose; la porte de cette piece ne peut être trop bonne & trop bien fermée; il faut des tables au pourtour des murs, elle doit être lavée souvent. C'est pourquoi il faut que le pavé soit en pente, & qu'on y observe les revers nécessaires, afin que les eaux s'écoulent aisément au-dehors, & que le tout seche promptement. Nous avons donné les raisons d'employer du pavé au lieu de dalle, cela prévient les plus grands accidens.

Commun.

Le commun est un endroit où les principaux Officiers & les gens que l'on doit nourrir se rassemblent; c'est une grande piece qui sera bien éclairée, plancheiée en bois de frise & plafonée. Pour la rendre plus complette, il faut un robinet pour de l'eau, & une cuvette au-dessous, dont les eaux se répandront au-dehors; il convient d'y mettre un poële, si toutefois la cheminée de la cuisine ne peut fournir de la chaleur par sa plaque qu'on masquera alors du côté du commun pendant l'été, avec des portes de tôle ifolées de trois pouces, & une ventoufe qui donnera fortie à la chaleur par-dehors, & en renouvellera l'air; on mettra une foupape à cette ventoufe, pour renfermer & concentrer la chaleur pendant l'hiver. Si on ne peut fe fervir de ce moyen, on aura des tuyaux de chaleur qui prendront du contre-cœur de la cheminée de la cuifine, & parviendront en pente douce & montante, comme il a déjà été obfervé, à l'endroit qu'on voudra. Si cette piece n'étoit pas plancheiée, ce qui peut-être ne feroit pas le moins bien, & ce que j'aimerois le mieux pour la plus grande propreté, elle fera au moins en grand carreau de terre cuite : car, encore une fois, défions-nous des dalles, elles font perfides. Il doit y avoir une armoire ou un renfoncement fermé d'une devanture, & garni de tablettes pour y mettre le linge courant, ou plutôt les ferviettes qu'on donne aux domeftiques, lorfqu'ils vont fervir. Au milieu & dans la longueur de cette piece, il y aura une grande & forte table portée fur des pieds de fer qui feront fcellés dans le carreau, & dont le raccord sera fait proprement; autrement cet endroit seroit sujet aux odeurs, telles qu'on en a dans certains réfectoires; c'est ce qu'on doit éviter avec soin: il ne faut pas de refuge à ordure; cette piece même seroit susceptible d'être lavée au moins une fois par semaine: à cet effet il est à propos d'y observer une petite pente pour que les eaux puissent s'écouler au-dehors, ou autrement se rendre dans une place commode pour y être épongée: dans ce cas le carreau de pierre de liais seroit préférable à tout autre.

Cour des Cuisines.

La cour des cuisines doit être assez grande pour que deux charrettes au moins puissent y tourner. Dans un des côtés il y aura une espece de remise pour charger ou décharger, dans les mauvais tems, les objets qui souffriroient de l'humidité, c'est un refuge aussi pour les porteurs qui par ce moyen n'embarrasseront pas la cuisine ou les corridors. On fera attention de placer une auge en cette cour pour recevoir l'eau d'un robinet qui sera au-dessus. Au surplus il est essentiel d'observer que les eaux de la cuisine ne doivent jamais passer par la cour principale, elles sont pour l'ordinaire grasses, mal-propres & de mauvaise odeur. Aussi est-il de l'ordre de distribuer la masse des édifices, de maniere que la basse-cour des cuisines & des offices ait sur la rue une sortie détachée & distincte de l'entrée principale; cette même observation est aussi pour les écuries & les remises dont nous parlerons dans la suite. Entrons dans le détail des offices.

Offices.

L'office entraîne après lui un grand nombre de pieces; il en faut une qui serve comme de vestibule, & qui dégage à toutes les autres; 1°. la piece de travail où se font les confitures & les sucreries; 2°. celle où se dressent les desserts, une troisieme pour serrer les sucreries, une quatrieme pour les fruits, une cinquieme pour serrer les plateaux & les porcelaines; une sixieme pour toute l'argenterie; enfin quatre autres pour loger l'Officier, ce qui fera dix à douze pieces essentiellement attachées à l'office, & qui doivent avoir ensemble des communications, des rapports, & se réunir à la premiere : c'est ce que nous allons voir par les détails.

Premiere Piece de l'Office.

Cette premiere piece doit être fort grande, bien éclairée, carrelée en grands carreaux de terre cuite & plafonée; elle sert en général de dégagement aux autres pieces qui en dépendent, elle est utile aussi pour les porteurs & pour les hottes : il faut le long des murs quelques tables un peu fortes : il doit y en avoir en face des croisées qui soient soutenues sur des potences de fer scellées dans les murs; il convient aussi d'y placer trois ou quatre forts billots. En effet, c'est dans cette piece que sont les mortiers pour piler & faire les pâtes; c'est enfin dans cet endroit où se font les gros ouvrages, &, pour bien dire, la distribution du tout.

Seconde Piece de travail pour les Sucreries.

Cette piece doit être bien éclairée, carrelée en grands carreaux & plafonée; en face des croisées il y aura des fourneaux garnis de réchaux, en quantité relative au travail de la maison; ces fourneaux doivent avoir au plus vingt-huit pouces de haut, autrement le service en est trop dur. La hotte de la cheminée sera grande, & le four en face des croisées, placé de la même maniere que celui de la pâtisserie, afin qu'on puisse voir au-dedans. Au milieu de la piece il y aura une table portée sur des pieds de fer, comme nous l'avons déjà prescrit; dans le pourtour des tables & des tablettes : dans un coin, ou plutôt dans un renfoncement on pratiquera une étuve pour sécher les sucreries.

Troisieme Piece où se dressent les Desserts.

Cette piece doit être fort grande, plus longue que large & bien éclairée; elle sera carrelée en grands carreaux de terre cuite & plafonée; dans le milieu il faudra une longue table pour poser les plateaux & dresser les desserts. Il sera bon d'établir aussi des tables le long des murs & en face des croisées; en général il les faudra un peu fortes, il y a des

DE L'ARCHITECTURE. 205

opérations qui le demandent. On établira un rang de tablettes au-deſſus de ces mêmes tables, & on placera un ou deux bas de buffet fermans à clefs, une douzaine de tabourets de paille; c'eſt tout ce qu'il faut dans cette piece.

Quatrieme Piece pour ſerrer les Sucreries.

Il eſt inutile que cette piece ſoit fort grande, elle doit être carrelée, plafonée, éclairée d'une baie de croiſée vers le Levant. Dans tout ſon pourtour il y aura des corps d'armoires bien fermans & des tablettes en-dedans. Souvent elle n'a ſon entrée que par l'appartement de l'Officier, & c'eſt le mieux. On en peut-faire une ſur celle où on dreſſe les deſſerts, mais elle doit être condamnée, & ne s'ouvrir que les jours où le travail eſt conſidérable & exige de la célérité. On pratique auſſi une étuve dans une des armoires de cette piece, il y a des momens où elle eſt eſſentielle.

Cinquieme Piece servant de Fruiterie.

Cette piece doit être renfermée entre quatre gros murs fort épais, & avoir son entrée par l'appartement de l'Officier ; il faut qu'elle soit fermée bien exactement & à double porte, les fenêtres tournées au Midi. Si on ne pouvoit avoir l'aspect direct de ce côté, on le prendra vers l'Orient, les autres expositions sont préjudiciables. Il faut de bons doubles châssis & doubles rideaux, par-dehors des grilles & des treillis de fil d'archal, sur-tout lorsque cette piece est au rez-de-chaussée, qui est l'endroit le plus convenable & le plus propice. Une fruiterie ne peut être ni dans un grenier où l'air est trop froid, ni dans une cave où il est trop humide, le fruit y contracteroit un mauvais goût ; il n'y auroit pas de mal qu'elle fût de dix-huit pouces environ plus bas que le rez de terre. Il faut un lieu sec, l'humidité pourriroit une partie du fruit, le froid flétriroit le reste. Pour plus grande sureté il conviendroit de faire garnir cet endroit avec de grandes armoires exactement fermées ; elles réussissent parfaitement,

DE L'ARCHITECTURE. 207

si elles sont doublées avec de fortes planches à rainures & languettes bien collées, de façon que cet intérieur ne puisse contracter aucun air humide & étranger. On s'en tient pour l'ordinaire à des tablettes garnies d'une tringle qui empêche la chûte des fruits. On donne aux tablettes un peu de pente, afin qu'en visitant les fruits de tems en tems, on découvre d'un coup-d'œil tout ce qui s'altere, & qu'on le mette dehors pour conserver le reste. Une planche nue est nuisible aux fruits, ils roulent l'un contre l'autre, & se pourrissent en se heurtant. Leur propre poids suffit pour les faire meurtrir à l'endroit où ils touchent le bois. La paille & la fougère, qu'on étend dessous, peuvent communiquer un goût désagréable, le sable les altere aisément par l'humidité qu'il contracte à l'ombre; on n'a rien trouvé de mieux en ce genre que de la mousse du pied des arbres bien séchée au soleil & bien battue, le fruit y fait un petit enfoncement où il est mollement couché, on le visite, on le touche sans aucun risque.

Une fruiterie bien entendue est le moyen le plus propre pour assurer à chacun des mois de l'hiver la jouissance des fruits qui leur sont destinés. On sait que les fruits mûrissent successivement dans la serre, d'autant mieux qu'ils sont à couvert de l'air extérieur. L'expérience nous apprend que c'est cet air qui les avance trop, qui les aigrit ou qui les affadit si promptement.

C'est d'après cette observation que je ferai part d'un moyen économique pour conserver le fruit, & en avoir successivement, suivant le tems qui convient à sa maturité.

Il faut défoncer un tonneau fraîchement vuide, y faire placer différens rangs de tablettes, & dessus ces mêmes tablettes y arranger sur de la mousse, comme nous l'avons dit, le fruit qu'on peut consommer dans une quinzaine. Pour réussir, le fruit doit être frais cueilli & pendant le beau tems, de façon qu'il ait toute sa fleur. Le raisin doit y être suspendu la grappe renversée, le tout sera bien arrangé, mis en ordre, & dans les espèces qui doivent se consommer pour le même tems; on fera enfoncer le tonneau, que l'air n'y puisse pas plus pénétrer que s'il devoit renfermer quelque liqueur, & on aura soin de

faire

faire note du moment où il doit être ouvert. Il sera mis dans la fruiterie, avec précaution, de peur de rien déranger; on est sûr de trouver à souhait un fruit aussi beau que s'il venoit d'être cueilli sur l'arbre, & avec cet avantage qu'il sera façonné, & qu'il aura acquis un degré de saveur qui n'est ni âcre ni fade, mais un agréable assemblage de doux & de piquant qui fait la perfection du fruit.

Sixieme Piece pour les Plateaux & les Porcelaines.

La piece pour les plateaux & porcelaines doit être grande, carrelée & plafonée; l'aspect du jour est indifférent : il faut dans le milieu & dans le pourtour de grandes tables, & au-dessus de celles qui seront le long des murs deux rangs de tablettes. Il seroit à propos, qu'il y eût à la proximité un lavoir pareil, mais moins grand que celui des cuisines; que la piece pour les plateaux & les porcelaines eut son entrée par le logement de l'Officier, & que le lavoir en eut une autre par le vestibule ou piece commune.

O

LE GÉNIE

Septieme Piece pour l'Argenterie.

L'entrée de cette piece doit être essentiellement par la chambre de l'Officier, c'est lui qui répond de l'argenterie, le tréfor lui en est confié ; cet endroit fera carrelé comme les autres pieces & il fera plafoné. Le long des murs il y aura des tables, & au-deffus un rang de tablettes, de façon que toute l'argenterie puisse y être par ordre fur des nappes faites exprès de toile bleue, de maniere que, d'un coup-d'œil, on puisse s'appercevoir des pieces qui pourroient manquer, & choisir celles dont on aura besoin. Un pareil arrangement ne peut être qu'agréable ; le goût y doit concourir avec la richesse. Cet endroit, au surplus, fera fermé avec sureté & avec précaution. Les portes feront bonnes & folides, les croifées, quoiqu'avec volets, feront fermées au-dehors par de bons barreaux de fer, avec fommiers & traverses ; on ne peut prendre trop de précautions.

DE L'ARCHITECTURE.

Huitieme Piece pour le logement de l'Officier.

Il faut cinq pieces pour le logement de l'Officier. La premiere est une espece d'antichambre qui doit dégager & servir d'entrée à la piece des sucreries, à la fruiterie, à l'endroit où sera l'argenterie, & enfin aux pieces réservées pour son usage particulier; savoir, une salle qui sera, dans l'occasion, utile au service de l'hôtel, une chambre à coucher, un cabinet pour placer les registres & pouvoir écrire, & un petit office pour ses essais.

Neuvieme Piece pour l'Aide d'Office.

L'aide d'office doit aussi avoir une piece, mais éloignée & dans les combles : un lit, une table & une chaise en font tout l'ameublement.

Logement du Maître-d'hôtel.

Ce logement consiste en sept pieces, une antichambre, une piece pour serrer nombre de choses dont il a la garde, un cabinet, une chambre à coucher, une piece pour recevoir les personnes & les Marchands auxquels il est dans le cas d'avoir affaire, deux autres enfin pour son utilité particuliere.

Cet appartement doit être très-près des cuisines, puisqu'il est du devoir du Maître-d'hôtel d'y veiller continuellement.

Logement du Chef de Cuisine.

Le chef de cuisine doit avoir deux pieces, &, autant qu'il est possible, elles seront à la proximité de son travail.

Quant à l'aide de cuisine une piece lui suffit, elle peut même être placée dans les hauts.

Qu'on ne regarde pas cet arrangement comme une distribution forcée, elle est pratiquée dans nombre d'hôtels. C'est aujourd'hui une espece d'usage, il semble qu'on ne puisse s'en passer.

Passons au logement des Secrétaires, de l'Intendant, des autres Officiers & Domestiques, nous parlerons ensuite des basse-cours pour les écuries & pour les remises, ainsi que des logemens pour l'Ecuyer, le Piqueur & les autres auxquels, pour l'ordinaire, on donne retraite.

DE L'ARCHITECTURE.

Si nous nous étendions fur les Châteaux dont les Maîtres font valoir partie des fermes, il faudroit ajouter à ce que nous avons décrit beaucoup d'autres détails; le Concierge auroit fon logement, ainfi que les Charretiers & les Gardes-chaffes : il y auroit des granges, des greniers différens, des écuries, des étables, &c. &c.; le logement du Jardinier & les ferres n'y feroient pas oubliés. Mais laiffons ces objets, parlons du logement des Officiers néceffaires pour l'ordre des maifons de ville, & contentons-nous d'entrer dans les détails des baffe-cours, des écuries, des remifes & de leurs acceffoires.

LOGEMENS

DES DIFFÉRENS OFFICIERS.

Appartement du Secrétaire.

L'APPARTEMENT du Secrétaire doit être composé d'une antichambre, de trois cabinets, d'une salle de compagnie, d'une chambre à coucher, d'une garderobe, d'une cuisine, & de deux chambres de Domestiques, dont une pour la Cuisiniere & l'autre pour un Laquais.

L'antichambre est une piece ordinairement carrelée & plafonée avec lambris d'appui dans le pourtour; les deux cabinets sont garnis de devantures & de corps d'armoires avec des verres de Bohême & des tablettes sur lesquelles sont posés les titres de la maison, qui sont d'ailleurs dans des boîtes & des cartons étiquetés rangés proprement & avec goût : le coup-d'œil est satisfait, & on y reconnoit tout à la fois l'utile & l'agréable; l'esprit est fixé par

DE L'ARCHITECTURE. 215
l'idée des grands biens, & par l'ordre tenu pour les conferver.

Le troifieme cabinet peut être auffi garni d'armoires avec des cartons pareils à ceux des pieces précédentes : il feroit mieux qu'il fût orné d'un lambris de hauteur ; car autrement il ne devroit pas y avoir de cheminée, à caufe des inconvéniens du feu trop voifin des papiers. On peindra en blanc le lambris, la cheminée fera avec un chambranle de marbre, & au-deffus il y aura un parquet avec une glace ; un bureau couvert en maroquin, quelques chaifes, quelques fauteuils de velours d'Utrecht ; voilà l'emmeublement principal.

La falle de compagnie fera auffi avec lambris de hauteur, ce qui fe pratique ordinairement ; mais, fi l'on veut, on peut fe contenter d'un lambris d'appui & d'une tenture en papier, une cheminée de marbre commun, au-deffus un parquet avec glace, des cabriolets en velours d'Utrecht, des fieges courans en paille : telle eft en général la décoration de pareille falle.

Dans la chambre à coucher on pratique fouvent une alcove, ce qui forme naturellement une garderobe. Dans le pourtour de la piece, un lambris d'appui, une tenture en papier, & collée sur le mur; une cheminée avec chambranle, une glace au-dessus, quelques fauteuils & des chaises. Aux côtés de la cheminée des devantures d'armoires; dans les unes on met des tablettes, dans les autres des porte-manteaux.

Nous ne dirons rien de la cuisine, on sent qu'il y faut peu de choses; quant aux chambres de Domestiques, un lit, une table & des chaises en font tout le meuble.

Logement du sous-Secrétaire.

Le second Secrétaire doit avoir deux pieces, l'une lui servira de cabinet, & l'autre de chambre à coucher: quelquefois on pratique dans la premiere une alcove fermée de grillage. Alors cette piece lui sert de cabinet, & l'autre de salle de compagnie: un lambris d'appui dans le pourtour de ces pieces, du papier au-dessus collé sur le mur, quelques chaises & un bureau, voilà l'appartement meublé. Si l'on ajoute une glace au-dessus du chambranle de cheminée, aux côtés de la

DE L'ARCHITECTURE.

cheminée on peut mettre des devantures d'armoires; dans ce cas elles seront pleines, & le même papier qui fait la tapisserie les couvrira. Dans l'une il y aura des tablettes, dans l'autre des porte-manteaux.

Bibliothécaire.

C'est quelquefois le deuxieme Secrétaire qui a le soin des livres ; quelquefois c'est particuliérement un homme lettré qui en fait les fonctions ; il lui faut alors trois pieces, une antichambre une salle de compagnie, & un cabinet dans le fond duquel sera une alcove fermée d'une devanture avec grillage & ouvrant à deux venteaux ; au fond de l'antichambre il peut y avoir un retranchement éclairé d'un vitrage pour y loger un Domestique. Ce logement sera d'ailleurs meublé comme le précédent, avec lambris d'appui, papier au-dessus, parquet de cheminée avec glace ; on mettra dans l'antichambre un poële, & les deux autres pieces seront à cheminée.

Logement des Enfans de la Maison.

Nous distinguerons deux appartemens, celui des garçons & celui des demoiselles.

Il est vrai que jusqu'à un certain âge, qui est celui de cinq ans, tous les enfans sont ensemble avec une Gouvernante & une Domestique. Alors il faut cinq pieces, une antichambre, une grande piece pour les exercices, une chambre à coucher assez grande pour contenir les lits nécessaires, & notamment celui de la Gouvernante ; une autre pour les armoires & le linge ; la cinquieme enfin pour la Domestique. Il seroit encore avantageux qu'il y eût une garderobe éclairée & aérée, on y placeroit les tables de nuit & une armoire pour le linge sale.

Ces pieces n'ont pas de décoration particuliere ; une simple cimaise à hauteur d'appui dans le pourtour, & au surplus du papier collé sur les murs. L'antichambre doit être échauffée par le même poële qui servira dans la grande piece ; ces poëles sont ordinairement de faïence, ils ne portent aucune odeur, le service s'en fait par l'antichambre, afin que les enfans ne puissent jouer avec le feu, & être victimes des accidens qui peuvent en résulter.

Les deux autres pieces sont à cheminée

avec parquet & glace au-dessus. Des lits, des tables, des chaises sont en général l'emmeublement; il doit y avoir une grille & treillis de fil de laiton au-devant de la cheminée, ainsi qu'au-devant de toutes les croisées. Cet appartement est pour l'ordinaire au premier étage, & son aspect au Levant; c'est une chose essentielle pour la santé; on ne sauroit croire combien cela influe sur le tempérament : nous sommes des espèces de plantes, nous devons nous conduire & nous garantir en conséquence des intempéries de l'air & des expositions fâcheuses & mal-saines.

Logement des Fils de la Maison.

Lorsque les enfans sont parvenus à l'âge auquel ils doivent prendre une nouvelle éducation, on leur donne un Gouverneur, quelquefois même un Précepteur & un Laquais.

L'appartement du Gouverneur & des enfans doit être composé de cinq pieces, une antichambre, une grande piece, une chambre à coucher pour mettre plusieurs lits, & un cabinet pour le Gouverneur.

C'est à peu de chose près la même distribution & le même arrangement que le précédent. L'exposition doit être au Levant pour la grande piece & la chambre à coucher. Au surplus, tout ce que nous avons dit pour l'appartement des enfans en général doit y être observé.

Logement des Demoiselles.

Ce logement est le même pour les deux sexes, jusqu'à un certain âge ; les garçons le quittent, lorsqu'on leur donne un Précepteur; l'appartement doit être semblable à celui du second Secrétaire ou du Bibliothécaire, nous y renvoyons donc ; il doit tenir à l'appartement des jeunes gens, ainsi qu'une autre piece pour un Laquais.

Ce que nous avons à observer en général, & l'objet sur lequel on ne fait pas assez d'attention, c'est que l'appartement des enfans ne peut être trop gai ; les couleurs qu'on y emploie doivent être agréables ; ces choses influent plus qu'on ne pense sur l'humeur habituelle : un aspect favorable, un bon air, beaucoup de propreté, sont nécessaires à la santé, & décident souvent le caractere de la jeunesse, développent ces idées riantes, & occasionnent cet enjouement qui fait dans la suite les charmes de la société.

Logement de l'Intendant.

C'est l'Intendant qui veille à tout, c'est lui qui a la charge économique de la maison; c'est à lui qu'en général les autres Officiers rendent les comptes; il faut donc que son appartement soit placé de maniere que rien ne puisse lui échapper. Il convient de lui donner sept pieces, une antichambre, une salle de compagnie, un cabinet, une chambre à coucher, une cuisine & deux pieces de réserve pour serrer nombre d'objets qui restent à sa garde. L'emmeublement doit être propre & simple. Aux côtés des cheminées il lui faut des devantures d'armoires, il ne peut avoir trop d'endroits fermans à clefs; il y aura des lambris d'appui dans la plupart des pieces, & au défaut une simple cimaise, le tout peint en grisaille, ainsi que les portes & croisées. Au surplus, tous les murs seront garnis de tentures de papier ou d'étoffe légere. La salle de compagnie, le cabinet & la chambre à coucher feront avec chambranles de marbre commun, & des parquets garnis de glaces au-deſſus. Aux autres cheminées il n'y aura que des chambranles de pierre de liais. A l'égard de l'antichambre, elle ſera échauffée par des tuyaux de chaleur, & par la plaque d'une des cheminées ; on y formera, ſi l'on veut, une niche pour un poële, dans laquelle on placera une tablette à hauteur de trente-deux pouces qui eſt celle d'une table, & au-deſſous paſſeront les tuyaux de chaleur, ainſi que la plaque qui ſeule, étant bien placée, peut échauffer.

Tout cet appartement doit être ſévere, il faut qu'il inſpire la réflexion, & qu'on y reconnoiſſe l'ordre & l'économie.

Logement des Valets-de-chambre.

Le logement des valets-de-chambre ne doit pas être éloigné de l'appartement du Maître. On les place ſouvent dans les entreſoles au-deſſus des garderobes.

Premier Valet-de-chambre.

Le premier valet-de-chambre doit avoir quatre pieces à ſa diſpoſition, une anti-chambre, une chambre, un cabinet & une grande piece avec des armoires pour mettre les linges & les habits de son Maître. L'antichambre, la chambre & le cabinet seront avec lambris d'appui ou cimaise, & papiers au-dessus. Les cheminées, ou de la chambre à coucher ou du cabinet, échaufferont l'antichambre, & seront avec des chambranles de pierre de liais, une tablette de marbre commun, & un parquet au-dessus avec glace, tel est l'ensemble. A l'égard de la grande piece pour mettre les habits, on y observera tout ce que nous avons dit en parlant de la garde-robe pour les habits des Dames : mêmes soins, mêmes précautions pour l'aspect, pour le carreau ; mêmes attentions pour les armoires, pour les tables & les autres meubles.

Second Valet-de-chambre.

Le second valet-de-chambre doit avoir à-peu-près dans le même canton deux pieces, dont une comme antichambre dans laquelle il y aura des armoires pour serrer ce qui est à sa garde ; cette piece sera carrelée & plafonée, ainsi que la suivante qui est celle à coucher. A l'égard de cette derniere, le lit sera dans une alcove, avec des garderobes éclairées par des portes vitrées qui seront aux deux côtés de l'alcove; dans l'une des garderobes il faut pratiquer un dégagement sur l'antichambre, on pourroit même tourner autour de l'alcove par le moyen d'une double cloison, si la profondeur de la piece le permettoit. La chambre à coucher au surplus sera avec lambris d'appui ou cimaise. Une tenture de papier, une cheminée à chambranle de pierre de liais, une tablette de marbre, & au-dessus un parquet avec glace, des chaises de paille & une table : tel est en général l'emmeublement qui peut convenir.

Premiere Femme-de-chambre.

Le logement de la premiere femme-de-chambre contiendra trois pieces; une antichambre, une chambre & une piece pour le travail des dentelles & menus ouvrages.

La premiere piece sera carrelée & plafonée, les murs couverts avec papiers, & par le bas une cimaise; dans le fond une devanture d'armoire.

La

La chambre à coucher sera aussi carrelée & plafonée, on y pratiquera une alcove avec garderobes de chaque côté, une cheminée de pierre de liais avec une tablette de marbre commun, & un parquet avec glace au-dessus. Toute la piece sera tendue en papier, & il y aura une cimaise en bois ou un lambris qui sera peint en petit gris, ainsi que l'antichambre, les portes, les croisées & les armoires qui doivent être formées par des devantures de lambris aux deux côtés de la cheminée.

La troisieme piece sera en général meublée de même; il y aura cependant un côté au moins garni d'armoires avec des tablettes & quelques porte-manteaux; dans le milieu de la piece on placera une table, il faut des chaises en paille, comme dans les autres pieces, & une commode dans la chambre à coucher.

Seconde Femme-de-chambre.

La deuxieme femme-de-chambre aura un logement semblable à celui du second valet-de-chambre; il lui faudra seulement de plus une commode dans la chambre à coucher.

P.

Le logement de l'une & de l'autre femmes-de-chambre sera pris dans les entresols au-dessus des garderobes de la Dame, ainsi qu'une autre petite piece pour la fille de garderobe; mais cette derniere chambre ne demande qu'un lit, une table & quelques chaises. Il n'y faut pas de cheminée; on tapisse quelquefois cette piece avec papier commun, & pour la propreté, elle doit être carrelée & plafonée.

Lingerie.

La lingerie ne doit pas être éloignée des femmes. Ce sera une grande piece au Levant autant que l'on pourra, & on fera ensorte qu'elle soit bien éclairée; on y travaille, le jour est nécessaire. Dans le pourtour de cette piece, qui pour l'ordinaire est en entresol, on mettra des corps d'armoires avec des tablettes. Peut-être pourroit-on désirer que les portes de ces devantures fussent garnies de grands carreaux de verre, ce qui excite les personnes qui en sont chargées à maintenir l'ordre & la grande propreté. Nous en avons fait exécuter ainsi, & l'usage a justifié les motifs que nous venons d'expofer.

Cette piece fera carrelée & plafonée. Si l'on y met une corniche, elle couronnera les armoires : le tout fera peint en grifaille. Au milieu de la piece il y aura une table couverte d'un tapis vert pour y pofer le linge. Quelques chaifes de paille & deux petites tables courantes feront le refte de l'emmeublement.

Logement de la Femme-de-charge.

S'il y a une femme-de-charge, fon logement fera pareil à celui de la premiere femme-de-chambre, la troifieme piece fervira d'endroit de travail pour les ouvrieres qui feront occupées à raccommoder le linge.

La propreté, le bon ordre & le bel arrangement font le caractere de ces endroits : ce font les fymboles de la véritable opulence. Il eft un lieu cependant qui n'en demande pas moins, c'eft l'infirmerie; jettons-y les yeux.

Infirmerie.

L'infirmerie eft néceffaire pour retirer le Domeftique qui devient malade. Il eft d'une maifon honnête de s'y prêter, & l'humanité l'exige. Cet endroit est pour l'ordinaire composé de cinq pieces, savoir d'une antichambre, de deux autres pieces, dont une pour les malades ordinaires, & l'autre pour ceux à l'extrémité. Il n'est rien de plus cruel pour une personne indisposée que d'en voir mourir une autre à ses côtés.

Proche de la piece des malades il en faut deux autres pour le valet-de-chambre Chirurgien qui dans ce cas est infirmier.

Dans les trois premieres pieces on doit entretenir la plus grande propreté; elles seront en conséquence carrelées, plafonées & peintes tout en blanc, les murs mêmes le seront aussi; il y aura une cheminée avec chambranle de pierre de liais dans chacune des deux pieces aux côtés de l'antichambre. Dans la chambre des malades il faut trois ou quatre lits, & dans l'autre un seul. Ces lits doivent être en blanc pour être lavés souvent, & prévenir par ce moyen le mauvais air. Il convient que l'exposition soit au Levant, la porte en face de la cheminée y servira de ventilateur; cette disposition pour une infirmerie devient essentielle; les deux autres pieces serviront de logement pour le valet-de-chambre Chirurgien. La premiere sera une espece d'apothicairerie, on y fera les médecines & les autres remedes nécessaires aux malades. Pour cela il y aura une cheminée & un fourneau avec quelques réchaux, une armoire pour enfermer les drogues & les médicamens qu'il faut avoir continuellement sous la main, le moindre accident feroit regretter de n'avoir pas pris cette précaution; d'un moment à l'autre on peut en avoir besoin.

La cinquieme piece servira de chambre à coucher au Chirurgien, elle sera arrangée & meublée dans le même genre que celle du second valet-de-chambre.

Ordinairement l'infirmerie est dans les hauts, l'air y est plus salutaire, sur-tout à Paris; au surplus on fera attention de n'y souffrir aucune mauvaise odeur, & pour le plus grand bien il convient de pratiquer au haut d'une des croisées, & en place d'un carreau, un *vagistas* en forme de soufflets qu'on ouvrira & qu'on fermera plus ou moins, suivant le cas. L'air est renouvellé par ce moyen,

& le malade n'en peut reſſentir aucun inconvénient. On ſe ſert ſouvent de cet expédient contre la fumée, ſi l'on connoiſſoit l'avanvantage de cette eſpece de ventilateur, il n'y a gueres de piece habitée où l'on ne dût en faire uſage. On pourroit auſſi déſirer qu'on ajoutât à toutes ces pieces un cabinet pour placer une baignoire; mais dans ce cas il ne faudroit point qu'il fût éloigné. Par le moyen d'une chaudiere au-deſſus du fourneau & d'une conduite en plomb, on auroit aiſément de l'eau chaude. On pourroit avoir un réſervoir d'eau froide qui proviendroit des combles, ce réſervoir même eſt néceſſaire. En effet, dans les maiſons conſidérables il eſt eſſentiel d'avoir de l'eau en réſerve dans un endroit élevé pour obvier au feu; tirons-en donc ce double avantage pour l'infirmerie, l'eau de pluie eſt très-ſalutaire.

Il faudroit encore à la proximité des infirmeries un cabinet & un ſiége d'aiſance; peut-être même ſeroit-il à propos de pratiquer une petite garderobe attenant la grande piece des malades, dont le ſervice ſe feroit par l'antichambre, on y placeroit une chaiſe percée : une seconde garderobe pour mettre le linge sale ne seroit pas moins utile; il est cependant plus à propos de porter ce même linge dans un grenier bien fermant, & l'étendre sur des cordes, ce sont des petits soins qu'il ne faut pas négliger : on ne peut avoir trop d'attention, quand il s'agit de secourir nos semblables : saisissons cette maxime; elle est empreinte dans les ames bienfaisantes, le cœur la dicte & la charité l'ordonne.

C'est ici le moment de parler d'une chapelle, ou au moins d'un oratoire.

Une chapelle est nécessaire dans une maison considérable, pour que les devoirs de la religion y soient remplis en toute circonstance, & que les Maîtres y donnent le bon exemple. Si par des raisons particulieres on ne peut en avoir, on y suppléera par un oratoire. Nous en avons parlé lorsqu'il a été question du palais d'un Prélat. Nous nous renfermerons donc dans les mêmes idées, & nous observerons que ce lieu doit inspirer le recueillement, & porter au respect le plus profond. Les formes séveres, les ceintres surbaissés, les plafonds un peu bas, les profils peu abondans en moulure, des demi-jours, un autel en tombeau, un tableau bien peint, placé dans un renfoncement, & éclairé par des jours provenans de baies dont on n'appercevroit pas les ouvertures, contribueroit à cette précieuse illusion. Ces moyens prennent leur source dans les regles savantes de la perspective, leur application dépend du génie & du goût. Est-elle bien saisie ? les sensations sont en mouvement, elles produisent les effets qu'on a droit d'en attendre; un tel lieu ouvert à de certaines heures excite la piété, y entraîne. Quoi de plus intéressans pour le bon ordre ?

Si l'architecture produit ces avantages réunie à la peinture & à la sculpture, elle forme une magie qui agit sur l'ame, de maniere à lui faire éprouver des sentimens, des impressions, & particuliérement ces sensations tendres que l'on savoure avec tant de délices.

On reconnoît le véritable Artiste à la maniere dont il saisit les objets; son habileté, son adresse, sa prudence se font connoître en mettant toutes choses en leur place, & en les traitant suivant leur caractere.

DE L'ARCHITECTURE.

En effet, la juste convenance doit toujours le guider ; c'est un principe dont il ne peut s'écarter, c'est la base de ses succès & le but de cet ouvrage.

Les basse-cours, les écuries mêmes ont un genre qui leur est propre : voyons à le saisir, à le développer.

L'aspect du ciel, les jours, les dimensions, rien n'est indifférent, chacune de ces parties a son effet. La commodité, la communication aisée, la distribution, le développement même de chaque objet doit nous occuper. L'Architecte chargé de veiller au bon ordre, doit saisir d'un seul coup-d'œil l'ensemble de ses opérations. Il ne doit négliger, en aucune maniere, l'harmonie relative au caractere, ainsi que l'usage de l'endroit qu'il veut traiter ; les basse-cours & leurs accessoires en sont susceptibles, comme toutes les autres parties des édifices. Entrons dans les détails.

BASSE-COURS.

Des Ecuries & des Remises.

L'ASPECT des écuries doit être au Levant, & celui des remises au Nord. Cette observation est d'autant plus utile, qu'à toute autre exposition les chevaux maigrissent, & surtout au Midi. A l'égard des remises, on sent combien le Nord leur est précieux, puisque par ce moyen elles n'ont jamais de soleil; les voitures y sont mieux placées, & non-sujettes au hâle qui nécessairement les fait fendre ou gercer.

Les basse-cours en général doivent être dominées par le Nord : il faut que leur situation soit telle que le service grossier s'en fasse par la rue ; il convient aussi que les eaux s'écoulent sans passer par la cour de l'Hôtel; il est à propos même que la basse-cour soit éloignée de l'édifice principal à cause du bruit & des mauvaises odeurs : il est cependant essentiel qu'il y ait une communication immé-

DE L'ARCHITECTURE. 235

diate entre la cour principale & la baſſe-cour. La porte de ſervice dont nous avons parlé ne doit s'ouvrir que par occaſion, & la clef en doit être chez l'Ecuyer ou chez la perſonne chargée de veiller au bon ordre.

Tous ces endroits, ainſi que les remiſes; ſeront avec pavés refendus en deux; quant aux baſſe-cours elles ſeront en gros pavés. Il eſt à propos de pratiquer dans ces mêmes baſſe-cours pluſieurs auges en pierres & des robinets pour y donner de l'eau, on n'en ſauroit trop avoir, c'eſt à force de laver qu'on entretient la propreté.

Juſqu'ici on a négligé dans nos hôtels de conſtruire des abreuvoirs, ce qui ſeroit cependant un grand avantage, on pourroit tous les jours y faire paſſer les chevaux : dans le cas d'incendie, ce ſeroit une reſſource des plus précieuſes.

L'exécution n'en ſeroit pas plus difficile que le projet en eſt ſimple.

En effet, on raſſembleroit toutes les eaux propres des combles; on feroit uſage même de celles de la grande cour, ſi toutefois les niveaux de pente le permettoient. Cet abreuvoir auroit tous les avantages, s'il étoit arrangé &

construit de maniere qu'on pût le vuider de fond, ainsi qu'un bassin. Dans ce cas en le construisant arrangez-vous de maniere que le terrein soit élevé de cinq pieds, au moins, au-dessus du niveau du ruisseau de la rue ; alors on aura quatre pieds à quatre pieds & demi d'eau, & par une bonde ou même par un robinet placé à propos on se débarrasse des eaux quand on veut. Si on craint trop d'abondance dans de certains orages, on pratique des trop pleins, il est aisé de répondre à toutes les objections ; avec un peu d'intelligence & quelque connoissance de l'hidraulique, on en vient à bout ; la seule difficulté, c'est l'étendue du terrein qui manque le plus souvent. On peut observer cependant qu'un abreuvoir de quatre toises sur cinq peut suffire pour laver & nétoyer un très-grand nombre de chevaux. D'ailleurs peut-on avoir trop d'eau dans les maisons un peu étendues ? Un réservoir de cette espece, qui n'est susceptible d'aucun entretien, seroit un vrai trésor. Une pompe à cheval deviendroit peut-être nécessaire pour obvier aux tems de sécheresse, la dépense mérite peu d'attention, sur-tout pour une maison considérable, & elle est peu de conséquence en raison des avantages.

Ecuries.

Il doit y avoir quatre écuries plus ou moins grandes, suivant le nombre de chevaux qu'on peut avoir à loger.

La premiere est pour les chevaux de carrosse ; la seconde pour ceux de main ; la troisieme moins grande est pour les malades, & la quatrieme est destinée pour les chevaux étrangers, tels que ceux des Concierges des châteaux, des Fermiers, ceux des amis qui peuvent venir diner ou souper. Cet usage devient de plus en plus nécessaire par l'étendue de la capitale & les distances des différens quartiers. Comme on ne peut connoître si les chevaux étrangers sont sains ou malades, il est bon qu'ils soient à part, un Ecuyer prudent ne le souffre pas autrement.

On peut faire des écuries de quatre façons, c'est l'emplacement qui décide; il y en a de simples, de doubles, de triples & de quadruples.

Les doubles font celles qui font le plus en ufage, & en effet les plus commodes pour le fervice; elles font auffi les plus agréables; d'un coup-d'œil on s'apperçoit de ce qui s'y paffe.

Une écurie fimple doit avoir douze pieds environ de largeur dans œuvre; une écurie double doit en avoir au moins vingt-deux, & quand ces écuries ont une certaine longueur, on leur en donne jufqu'à trente & quelquefois plus: la triple doit avoir trente pieds & la quadruple quarante. Dans ces mefures nous parlons des moindres largeurs, le plus ne fera que mieux. On conçoit que, dans les deux dernieres efpeces, il faut que les planchers foient portés fur des poutres foutenues pour l'ordinaire par des poteaux ou des colonnes, & dont une partie des hauteurs foit effacée par les rateliers & les mangeoires.

Les écuries voûtées font les meilleures: dans tous les cas il convient qu'elles aient une belle hauteur à caufe de l'haleine des chevaux qui, multipliée par le grand nombre, deviendroit nuifible; le bois des planchers n'y résisteroit pas long-tems, sur-tout s'il n'étoit recouvert d'un plafond épais.

Nous ne parlerons que des écuries simples & des doubles; les deux autres ne se pratiquent pas communément ; elles entraînent des difficultés. Au surplus, ce sont les mêmes regles générales.

Si le jour donne directement sur les yeux des chevaux, il les rend ombrageux, il faut qu'il les frappe sur la croupe. A cet effet, dans une écurie simple on pose les auges & le ratelier sur le mur opposé à celui d'où vient le jour. Quant à l'écurie double, comme on est forcé de placer les chevaux le long du mur où sont prises les baies de croisées, il est essentiel que le jour n'en puisse partir qu'à dix pieds de haut : alors l'angle que le rayon de lumiere est obligé de décrire ne peut frapper que sur le derriere du cheval, il n'y a plus rien à craindre, le tout est dans l'ordre. La porte pour l'ordinaire se trouve dans le milieu, ce qui est commode pour le service : cependant elle peut être dans un des bouts de cette même partie latérale, & toujours à l'exposition du Levant, c'est le seul aspect favorable ; on pourroit, si on veut plus de grandeur & de perfection, avoir aux deux bouts des écuries, des portes percées dans le pignon, c'est un moyen de faire circuler l'air ; mais il faut observer que ces portes doivent communiquer chacune à une espece de vestibule, dont l'entrée sera aussi au Levant. Ces endroits ou especes de vestibules doivent être de la largeur des écuries, pour qu'on puisse avec aisance y défaire les harnois, & les déposer sur des broches en bois qui y seront scellées exprès. Ces portes dans les deux pignons ont encore l'avantage de laisser voir, dès l'entrée, l'écurie dans toute sa longueur, c'est l'aspect le plus agréable. On se plait en effet à voir le bon ordre, le bel arrangement & la grande propreté ; il est rare que ces qualités ne se rencontrent pas dans ces lieux, sur-tout si un Ecuyer y donne ses soins. La plupart sont d'anciens militaires, ils connoissent la discipline.

A dix pieds de distance des murs, de chaque côté, il y aura un ruisseau, & au milieu une chaussée, de façon que les personnes fonnes qui vifitent ces endroits puiffent toujours avoir les pieds fecs, & y marcher commodément. On remplira cet objet, en donnant plus de largeur que ne le prefcrit la néceffité indifpenfable.

La pente du pavé depuis le mur jufqu'au ruiffeau eft de deux pouces par toife: bien des Ecuyers font fupprimer le pavé depuis la rangée qui forme le ruiffeau jufqu'au mur, ils font battre cette partie en falpêtre, & alors on met cinq pouces de pente fur la totalité des dix pieds; il faut très-peu de pente au ruiffeau, un demi pouce fuffit par toife, autrement le revers où fe placent les chevaux deviendroit défectueux, puifqu'il les empêcheroit de fe tenir droits fur leurs pieds. Il n'y a pas d'animal plus fufceptible de contracter une mauvaife habitude. Au furplus, toute la longueur de l'écurie fe fubdivife en deux pour la pente, moitié fe prend du côté du Midi, & moitié du côté du Nord, ce qui doit être, fuivant la pofition que nous avons donnée, fur vingt-cinq toifes de longueur un objet de fix pouces un quart en pente de chaque côté. Il faut y faire at-

Q

tention lors de la pose des mangeoires & des rateliers, sur-tout dans ces grandes longueurs qui, à la vérité, sont très-rares quand on a plusieurs écuries, comme nous en avons fait connoître la nécessité. On observera cependant que, si la différence n'étoit que de deux ou trois pouces de pente, il seroit inutile d'abandonner le niveau pour les rateliers & les mangeoires. Les mangeoires seront faites de platteforme de trois pouces d'épaisseur, & les bordures seront garnies de plattes-bandes de fer, afin que les chevaux qui ont des tics ne les détruisent pas, & que la propreté puisse y être conservée.

La mangeoire doit avoir un pied de profondeur sur un pied de largeur par le bas, & quinze pouces d'ouverture vers la bordure, dont le dessus doit être placé à trois pieds & demi du pavé.

Il faut de douze pieds en douze pieds des racineaux pour entretenir ces mêmes mangeoires dans l'épaisseur desquelles ils se perdent; ils doivent suivre la même inclinaison des mangeoires qui y sont assemblées, & on a soin de faire par-dessous un délardement,

& d'abattre les arrêtes afin que les chevaux ne puissent pas s'y blesser, quelquefois on y pousse des ronds entre deux quarrés.

Les rateliers sont faits avec bâtis de charpente, & avec des roulons de bois de chêne tournés, quelquefois on se sert de bois de cormier, quoique moins beau en apparence, il est supérieur en qualité. Les rateliers ont trois pieds de haut il faut qu'ils soient inclinés dans leur pose. S'ils sont trop penchés ils ruinent la criniere des chevaux; s'ils le sont moins, le foin se tire plus difficilement, il y a même des parties que les chevaux ne peuvent avoir. L'Ecuyer décide cette pose. En général le quart ou au plus le tiers de la hauteur du ratelier doit suffire pour le déversement. Au surplus, la traverse du haut du ratelier doit être à sept pieds un quart du niveau de l'écurie près la mangeoire.

La poussiere qui est dans le foin, & qui tombe sur la criniere des chevaux & lui nuit, avoit fait imaginer de poser les rateliers presque à plomb; à cet effet le bas étoit fermé par une trémie, & on garnissoit de planches à rainures & languettes l'espace jusques sur l'auge, qu'on plaçoit alors en avant, en l'éloignant du mur d'environ six pouces, de façon que toute la poussiere tomboit à terre sons causer aucune incommodité. Il régnoit alors un air de propreté qui faisoit plaisir : mais l'inconvénient qui en résultoit a bientôt fait abandonner cette précaution, l'expérience en a fait connoître la nécessité ; les chevaux maigrissoient à vue d'œil, il sembloit qu'on leur refusoit la nourriture ; on en a long-tems cherché la cause, & après l'examen le plus rigide, on a reconnu que cette poussiere emportoit avec elle la graine des herbes ; alors le foin qui par lui-même est grossier, manquoit de saveur & de sels propres à entretenir l'embonpoint des chevaux; il n'avoit plus cette premiere qualité, cette vertu essentielle si propre à leur donner ce luisant précieux qui annonce leur bon état d'une maniere décidée : aussi dans nombre d'endroits les Ecuyers attentifs & vigilans ont-ils fait supprimer cette invention. C'est un soin de plus pour le palefrenier ; il est obligé d'avoir plus souvent le peigne & le morceau de serge en main pour entretenir la criniere toujours propre, & ne pas laisser sur la

DE L'ARCHITECTURE. 245

nuque du col du cheval l'espece de crasse que produit la poussiere.

Telle est la construction & tels doivent être posés les rateliers & mangeoires. Passons à la division & à la case de chaque cheval, observons qu'il faut un espace plus grand pour un cheval de carrosse que pour un de selle : on donnera quatre pieds pour un de carrosse, & trois pieds & demi pour un de selle ; chaque division doit être marquée par deux poteaux bien arrondis & tournés, avec une boule en tête, scellés de quatre pieds hors de terre au-dessous de la boule ; il y aura deux anneaux de fer pour y fixer un des bouts de la barre qui complette la séparation, & tient à un autre anneau qui est à la mangeoire. Ces poteaux bien alignés & d'un parfait niveau annoncent l'arrangement & produisent le coup-d'œil le plus agréable. Dans chaque case il doit y avoir trois boucles à la mangeoire pour y attacher le cheval, à la traverse d'en-haut ; & au milieu de chaque case, une inscription portant le nom du cheval si c'est moins la curiosité que le bon ordre & la facilité du service, qui exigent cette précaution. En effet,

Q 3

cette étiquette & la semblable posée au-dessus de la broche où sont les harnois, préviennent l'erreur & le changement. Un cheval ne peut changer de harnois, il aura toujours la même selle, la même bride. On est sûr qu'il est bien embouché & qu'il ne peut être blessé : d'ailleurs on y trouve une grande facilité pour indiquer au palefrenier les chevaux qu'on veut employer ; c'est un moyen d'être servi promptement. Tout va bien quand il n'y a pas de confusion. L'ordre, l'harmonie sont la base & le principe de l'Architecture qui ne permet jamais aucune négligence.

Aux deux bouts de ces écuries, il doit y avoir une soupente pour les palefreniers de garde, les chevaux demandent à être veillés nuit & jour, soit parce qu'ils peuvent s'empétrer, soit parce qu'il peut leur prendre un colique, soit enfin pour obvier à nombre d'accidens. Ces soupentes seront en forme de tribunes, & pour y monter on pratiquera un escalier en échelle de meûnier dans le fond des vestibules ; au derriere d'une cloison qui le masquera ; au-dessous de ce même escalier, on placera un grand coffre à avoine fermé d'une serrure ou cadenat; & par le moyen d'une trémie on y fait passer du grenier l'avoine nécessaire pour la consommation du jour. C'est le seul moyen d'éviter bien des abus, & de tenir l'avoine toujours seche; on ne craint pas qu'elle soit mouillée dans le transport, on est à l'abri du vol, enfin le service en est plus aisément rempli.

Ces écuries doivent être éclairées par les deux bouts au moyen des réverberes; on les allume par-dehors, c'est par la supente du palefrenier que cela se pratique. Dans ce cas, la même lampe éclaire la supente & l'écurie. Le plancher sur lequel est placé le lit du palfrenier doit être construit de maniere qu'il n'y ait pas de feu à craindre. Il est avantageux qu'il soit en brique, par le moyen d'une voussure on en viendra à bout; quatre pieds en font toute la largeur, & le coucher est un simple matelas qu'on met dessus; il ne faut pas que ces sortes de domestiques soient renfermés, le sommeil ou la paresse leur feroit négliger de voir ce qui se passe.

Q 4

Ecuries des Chevaux de selles.

On doit apporter la même attention pour les autres écuries, mais particuliérement pour celles des chevaux de main; son étendue est fixée par le nombre des chevaux à y placer. On doit se ressouvenir qu'il suffit de trois pieds & demi pour la largeur de la case d'un cheval de selle : au surplus ce sont toutes les mêmes précautions qu'il faut prendre, & les mêmes dimensions à employer. Nous avons oublié de dire que l'auge doit être divisée par des planches de droite & de gauche, & de la largeur de chaque case ; cette précaution est d'autant plus nécessaire, qu'il y a souvent de chevaux qui se battent pour l'avoine, il y en a de plus gourmands les uns que les autres, & ayant devoré plutôt leur portion, ils se jettent sur celle des voisins ; ce qu'il faut éviter : par-là on fait l'appétit d'un cheval, & on s'apperçoit s'il n'est pas malade.

DE L'ARCHITECTURE.

Ecuries des Chevaux étrangers.

Pour l'écurie des chevaux étrangers on peut s'exempter de plusieurs de ces précautions; on observera cependant qu'en général l'auge doit être un peu plus basse, ainsi que le ratelier; on y reçoit journellement différens chevaux, & ils n'ont pas tous la même taille, souvent même il y en a de forts petits. Il est mieux aussi de paver cette écurie en entier, la propreté s'y entretiendra, on la lavera plus aisément, c'est une loi de nécessité; on donnera, si on le veut, un peu moins d'espace pour chaque cheval, ce qui se pratique au moyen des boucles qui sont à la mangeoire, on peut même se passer des poteaux: mais alors, si l'on veut mettre des barres entre chaque cheval, on suspend au plancher un chevron dont les arrêtes sont abattues, & c'est delà d'où partent les différentes cordes qui soutiennent un des bouts des barres, l'autre partie étant attachée à l'auge.

Ecuries des Chevaux malades.

On peut se contenter des mêmes principes pour l'écurie des chevaux malades ; qu'il y ait de quoi placer cinq à six chevaux, cela suffit.

Remises.

On doit avoir soin de placer les remises au nord, & de les construire, de sorte qu'elles puissent être divisées à ne tenir chacune que deux carosses, quelques-unes même un seul, chose essentielle pour ceux de parade. On donnera seize pieds de largeur à une remise à deux carosses ; celle pour un carosse en aura neuf au moins. A l'égard de la profondeur, il faut vingt à vingt-un pieds; car il ne convient pas de relever le timon : cela gâte le train ; & occasionne bien des inconvéniens. Est-on gêné par le terrein, & veut-on négliger les inconvéniens, quinze pieds de profondeur suffisent pour une remise ordinaire.

Chaque remise doit être fermée avec de grandes portes pleines, entretenues par barres & écharpes; on doit même pratiquer un guichet à un des venteaux : c'est d'une grande commodité pour la visite des voitures.

Comme il y a des voitures de moindre valeur, on peut les placer dans des remises non fermées; ce qui évite la confusion des portes, & procure la facilité du service; en effet, on peut avoir alternativement une remise fermée & une ouverte; par ce moyen, les guichets ne se croisent point.

Il faut douze pieds de hauteur à une remise; les voitures varient; on trouvera dans tous les temps cette dimension favorable; dans l'intérieur de la remise, on doit placer des guides pour que la voiture soit conduite naturellement à la place qui lui est destinée. Ces guides sont des bâtis de charpente en triangles isocelles, dont les angles sont fixés par des poteaux, & dont celui en tête est arrondi, & porte quinze pouces de large; quant à la base du triangle, elle doit avoir cinq pieds. On voit par ces dimensions que, lorsqu'une voiture a pris sa direction, elle est guidée de maniere à ne pouvoir s'écarter, tel mal-adroit que puisse être un cocher; la traverse de derriere qui fait la base du triangle, sert à arrêter les roues, & empêche que la voiture n'aille frapper contre le mur ; aussi la lice de derriere doit-elle être à dix-huit pouces du mur de nud à nud.

La hauteur de cette guide est de huit pouces en tête, & de seize pouces dans le fond. Plus de hauteur briseroit les marchepieds ; on doit y faire attention, souvent on y est trompé. Il convient de mettre des bornillons à l'entrée de chaque remise, & on leur donnera seulement un pied de hauteur, afin que l'essieu de la petite roue puisse passer par-dessus ; ces bornes sont nécessaires, elles commencent à guider, & elles défendent les tableaux des portes des remises.

Attenant les écuries, il faut deux endroits, l'un pour mettre les harnois, & l'autre pour les selles & brides ; l'exposition est indifférente.

Endroit pour les Harnois.

Cet endroit sera carrelé & plafonné, autrement il seroit trop sujet à la poussiere. La propreté qui doit y regner, exige cette précaution ; il faut que de trois pieds en trois pieds il y ait des broches scellées dans les murs, à six pieds & demi au-dessus du pavé. Ces broches sont des chevrons de quatre pouces, arrondis par-dessus, & saillans de deux pieds environ des murs ; elles servent à accrocher les harnois, & on en met ordinairement deux sur la même broche. D'après ce principe, les attelages sont distingués ; on met des cloisons de planches de chaque côté, à peu-près à la même saillie que peuvent former les harnois. On y pratique aussi par le haut un pareil plancher, sur-tout si l'endroit est élevé, & on attache par-devant une tringle pour recevoir deux rideaux qui recouvrent le tout. Au-dessus de la tringle on met une inscription qui porte le nom de l'équipage.

Les broches que nous avons indiquées dans le vestibule des écuries ne sont que provisoires & momentanées ; elles servent quand on ôte les harnois des chevaux, ou lorsqu'on se prépare à sortir ; car l'endroit désigné doit être fermé sous clef, & on ne doit y entrer que quand il est nécessaire. Les fenêtres en feront grillées, & la porte à deux venteaux bien fermée. S'il étoit possible d'y joindre une petite cour dans laquelle il y eut un appenti, on y laveroit à couvert les harnois : dans ce cas il faudroit une auge & un robinet. A côté de la séparation de chaque attelage, il convient qu'il y ait une armoire fermante à clef avec plusieurs tablettes pour y mettre les rubans, les cocardes, &c. afin de prévenir le désordre. Alors chacun dans son département répond des inconvéniens. Dans le milieu de la longueur de cet endroit, il doit y avoir quelques tables de deux pieds de large, cinq à six pieds de long, autant d'espace entre deux, & elles seront sur des pieds de fer bien scellés. On pave quelquefois ces endroits, mais le carreau est plus favorable, d'un entretien plus facile, & moins sujet à la poussiere.

Il seroit à propos de pratiquer dans cet ensemble un endroit particulier en espece de boutique pour le travail du Bourrelier ; une table & quelques tabourets y suffiront.

Sellerie.

L'endroit pour les selles des chevaux de main ne doit pas être éloigné; il doit aussi être carrelé & plafonné; les croisées auront des barreaux de fer par-dehors, & les portes seront bien fermées. Dans le pourtour, il faut des armoires de quatre pieds de largeur environ, ouvrant en deux parties. Quelquefois on les met à coulisses; mais si elles sont plus commodes pour prendre moins de place sur la piece, d'un autre côté, on est privé de l'agrément de tout voir d'un coup d'œil; ces portes peuvent être vitrées pour obliger à la plus grande propreté, & entretenir le bon ordre. Chaque armoire contiendra trois selles qui seront sur des especes de pupitres triangulaires inclinés, les brides au-dessus, suspendues à des broches ou porte-manteaux en bois, & au-dessous une ou deux tablettes pour les housses, les cocardes, les rubans, &c. Le goût & les soins d'un Ecuyer attentif s'y feront sentir; on en peut former des especes de trophées; & pour y contribuer chaque bride semblera partir d'un nœud de ruban, au-dessus sera écrit le nom du cheval auquel elle est destinée. On peut varier cette distribution, & lui donner une forme intéressante par la fierté des masses & des contours; le génie & le goût doivent s'y faire connoître.

Au milieu & dans la longueur de la piece il y aura une table pour poser les selles & les brides que l'on voudra serrer, ou dont on désirera se servir.

La sellerie est plus ou moins grande, suivant le besoin, mais il faut ménager à côté un endroit, pour que deux ou trois ouvriers puissent y travailler dans l'occasion; on s'en servira aussi pour l'endroit des harnois, à moins que l'on n'en veuille un séparé; il faut au milieu une table & quelques tabourets : ce lieu sera carrelé, plafonné, & éclairé par une ou deux croisées; l'aspect du jour lui est indifférent, & il seroit à propos de le ranger en forme de boutique de Sellier; on y verroit plus aisément ce qui se passe.

Basse-cour des Fumiers.

Attenant les basse-cours des écuries & des remises, il y a celle des fumiers qui est nécessaire pour la propreté de la premiere, où rien ne doit traîner. Il faut, pour bien faire, que cette basse-cour soit au nord; à cette exposition, on pratiquera un grand hangard pour y placer les chariots & les grosses voitures

tures de campagne. C'est dans cette partie, & dessous ce même hangard, qu'on doit établir le travail pour ferrer quelques chevaux rétifs, ou leur faire des opérations pour lesquelles on est obligé de les contenir.

On doit aussi dans ce même canton avoir une forge & une enclume; à proprement parler, c'est une boutique de Maréchal qu'il faudroit avoir.

Dans cette cour, ou plutôt dans une petite enceinte particuliere, on placera les latrines pour les domestiques, & on fera attention de les arranger de maniere qu'on soit obligé d'y entretenir la propreté. Il faut que ces lieux d'aisances soient ouverts par-devant, qu'il y ait des divisions de trois pieds en trois pieds, & fermées d'une porte de bois de quatre pieds de haut. Les siéges avec trémie, de la largeur d'un pied seulement, seront formés par une piece de bois arrondi par-devant posée à seize pouces de hauteur, & afin qu'il ne puisse arriver aucun accident, on mettra en-dedans du siége une barre de fer de treize à quatorze lignes posée sur la diagonale, de façon que les matieres ne puissent y séjourner. On pardonnera ce détail, l'Architecte ne doit rien négliger.

Au surplus, tous ces endroits doivent être en gros pavés, & la sortie de la basse-cour des fumiers sera sur la rue; mais, comme nous l'avons déjà dit, on ne s'en servira que dans le besoin; les clefs en seront chez le Suisse, ou tout autre préposé à cet effet, le bon ordre le demande.

C'est par cette porte aussi qu'entreront les voitures de foin, de paille & autres qui seront pour le service des basse-cours; car, encore une fois, on doit apporter tout le soin possible pour que la cour principale n'ait aucun embarras. On observera encore que les eaux des basse-cours, des cuisines, des écuries, & des remises même, passent au-dehors sans la parcourir, & il vaudroit mieux pratiquer dans ces basse-cours des puisards, que d'admettre l'incommodité des eaux dans la cour principale.

Avec les écuries il faut des greniers, & il doit y en avoir de différens pour le foin, pour la paille & pour l'avoine.

Greniers à Foin.

Les greniers à foin doivent être d'une belle étendue ; on les pratique ordinairement dans les combles, & afin de les rendre plus commodes, on a le soin de monter les murs de face trois pieds plus haut que le dessus du plancher. Par le moyen de ce carré on jouit de toute l'étendue, & on évite de détruire & de déranger la couverture. Tous ces greniers seront carrelés, & de distance en distance on pratiquera des lucarnes fermées par des contrevents dans lesquels il y aura un ovale avec un verre : dans le milieu il faut une lucarne principale, avec plancher en faillie pour pouvoir monter le foin. Ce plancher sera avec appui en fer, de trois pieds de haut, & les deux barreaux d'angle formeront un arc en fer, servant à supporter la barre à l'extrémité de laquelle se trouve la chape & la poulie.

Nous avons dit que l'avoine devoit passer par une trémie pour se rendre au coffre qui est dans l'écurie, sans être obligé de la sortir en-dehors : il seroit à propos d'en pratiquer une pareille, mais plus grande, pour le foin; on éviteroit bien des accidens, & le foin seroit toujours & plus sec & plus propre; ces trémies pourroient être à l'extrémité des vestibules des écuries, & dans ce cas c'est un retranchement qu'on formeroit.

Greniers à Paille.

On observera les mêmes choses pour les greniers à paille.

Greniers à l'Avoine.

Les greniers à l'avoine demandent plus de précaution, il faut qu'ils soient à la portée des escaliers par lesquels on y monte. Ils seront carrelés & lambrissés; on aura le soin de n'y souffrir aucun trou à cause des rats & des souris. Au surplus on pratiquera des lucarnes comme aux autres greniers, elles seront fermées avec contrevents garnis d'un carreau de verre. Si on vouloit se servir d'une lucarne où il y eût un plancher en saillie pour monter les sacs, on formeroit un treuil comme chez les Boulangers.

Logement de l'Ecuyer.

L'appartement de l'Ecuyer ne doit pas être écarté des baſſe-cours, il doit y préſider pour le bon ordre. C'eſt un des premiers Officiers, il lui faut un logement honnête & décent, il doit lui être relatif; ainſi il aura deux anti-chambres, une ſalle à manger, un ſallon, un cabinet, une chambre à coucher, une cui-fine, & deux ou trois autres pieces pour loger ſes domeſtiques & faire ſes arrange-mens particuliers.

A l'égard des meubles, ils doivent être à-peu-près ſemblables à ceux de l'Intendant & du Secrétaire.

Piqueur.

Le Piqueur doit être logé à l'inſtar du ſous-Sécretaire, nous y renvoyons donc : il lui faudroit cependant une piece de plus pour mettre les équipages & les effets précieux dont il eſt chargé.

Il faut encore un grand nombre de cham-bres pour certains Palefreniers, Valets, Co-chers; mais ce ſont toutes pieces diſtinctes, sans cheminée, éclairées d'une seule croisée, formant des especes de cellules dans lesquelles un lit, deux chaises & une table sont l'emmeublement.

Valet de Chambre Tapissier.

Nous avons oublié l'article du Valet-de-chambre Tapissier, mais il n'a pas d'endroit fixe, on le place où on peut.

Il lui faut quatre pieces, une antichambre, une piece pour travailler, une chambre à coucher & un cabinet. Toutes ces pieces seront carrelées & plafonées. On lui donnera deux cheminées, & dans la nécessité une seule peut suffire; dans ce dernier cas on ne pratiqueroit que celle de la chambre à coucher. Toutes les autres pieces seroient échauffées par des poëles, & la plaque de la chambre à coucher échaufferoit le cabinet.

Il est bon d'observer que ce logement doit être voisin du garde-meuble, cette piece est essentielle : c'est dans cet endroit où on retire tous les vieux meubles, où l'on retrouve ceux de saison, & où le Valet-de-Chambre Tapissier prépare, arrange & fait travailler tous ses emmeublemens.

Garde-Meuble.

Cet endroit sera toujours placé à la portée d'un escalier aisé & commode : le Nord est son exposition la plus favorable ; il sera carrelé & plafoné. Il y aura dans le pourtour des murs différens rangs de tablettes ; on placera même d'un côté de grandes armoires bien profondes pour serrer tout ce qui est étoffes ou meubles ployés, qui ne sont pas de saison, mais qui demandent à être conservés précieusement. Au milieu on placera une grande table portée sur des traiteaux de fer, elle servira à déployer, frotter & nétoyer les objets qui en auront besoin.

Il y aura proche cet endroit une ou deux pieces pour y placer les gros meubles, on ne peut apporter trop d'ordre, on doit en faire un état ; chaque meuble y sera désigné par son nom, sa qualité, ses dimensions & par un numéro ; c'est une espece d'inventaire. Chaque genre aura sa classe, de sorte que dans le besoin on puisse trouver dans le moment ce qu'on cherche. Le Valet-de-chambre Tapissier aura lui seul la clef, puisque tout lui est confié

& qu'il en doit répondre, sur-tout si on lui a donné en compte.

Nous observerons encore que tous les Laquais doivent être logés, ils auront chacun une piece sans cheminée; il seroit même dangereux d'y en pratiquer : un lit, une table & deux chaises y suffisent. Toutes les clefs en seront différentes; mais les serrures seront faites de maniere qu'il y aura un passe-partout général que l'Intendant seul aura en sa possésion; il est essentiel d'user de cette précaution pour l'ordre & pour les circonstances imprévues.

Manége.

Avant de quitter les basse-cours, ne seroit-ce pas le lieu de parler d'un manege ? C'est en effet un endroit dont on devroit être curieux, & que nos jeunes Seigneurs ne négligent que trop. Par état ils doivent aimer les chevaux, l'amusement en est noble & l'utilité décidée.

Quelle occasion pour montrer leur adresse & développer leurs graces ! Peut-être le défi des courses seroit-il plus rare; mais un jeune

Seigneur n'auroit-il pas plus de mérite à gagner lui-même la gageure, que de laisser remporter cette palme par un Jacquet souvent trompeur ? Ne pourroit-on pas d'ailleurs former des défis pour un certain nombre de tours & de détours, en passant alternativement par différentes arcades ou entrecolonnemens ? Ce seroit une véritable adresse ; ce seroit une preuve certaine que l'on sauroit manier un cheval, le dompter & en être le maître. Quelle satisfaction que de voir deux jeunes Seigneurs partir ensemble par les côtés opposés, & chercher à surmonter dans l'espace de tems le plus prompt les difficultés qu'ils auroient pu se proposer, & auxquelles auroient présidé le goût & le jugement ! Quel plaisir de les appercevoir dans un autre moment le pistolet à la main tirer une tête de Méduse, & la percer plusieurs fois dans la suite d'une même course ? Les mouvemens variés forment des obstacles, aussi les verroit-on avec admiration si, à la suite de caracoles répétées, ils frappoient un chapeau qu'on leur jetteroit en l'air, & dans le même mouvement, s'ils le ramassoient lorsqu'il seroit à terre! Combien pourroit-on varier les occasions d'éprouver leur adresse, puisqu'elle peut fournir les moyens de se défendre & de vaincre son ennemi? Ces jeux, ces amusemens animeroient les feux d'un cœur patriotique. On s'imagineroit voir les dieux tutélaires de la nation s'exerçant pour la défendre.

Les Anciens connoissoient bien la valeur de ces nobles exercices: leurs hippodromes offroient la magnificence la plus grande. Quels effets ne devoient pas produire de pareils exercices! Quelles sensations de grandeur & de courage n'excitoient-ils pas dans l'ame! Ils l'élevoient naturellement à l'héroïsme. Qu'on n'aille pas assimiler ces intéressans exercices à nos joûtes & à nos anciens tournois, superbes à la vérité, mais dangereux & funestes. On en a vu la triste expérience dans la personne de Henri II. Les exercices que nous proposons sont ceux qui font partie de l'éducation des jeunes Seigneurs, & qui sont inséparables de leur état. On ne peut donc trop s'en occuper, & rendre intéressans des objets qui concourent à la gloire de la nation. C'est peut-être un reproche que nous aurions à faire à notre siecle de donner trop au frivole, & de ne pas assez s'occuper de ce qui peut produire l'émulation & former d'excellens militaires; les bons exemples, les principes qu'on reçoit dans la jeunesse, développent souvent le germe des plus grands talens, des vertus mêmes.

Mais contentons-nous d'observer, qu'à la suite d'un bel appartement disposé pour un militaire, un manege bien composé & dessiné avec goût seroit utile & agréable. On pourroit en terminer heureusement le point de vue sur une des allées principales du jardin, en y plaçant sur un char triomphal attelé de quatre chevaux le dieu Mars, qui sembleroit vouloir fixer sa course dans l'hippodrome proposé.

Les colonnes qu'on pourroit employer pour la décoration de ce lieu seroient doriques, c'est l'ordre du guerrier; ses proportions nobles & séveres lui conviennent.

Cette colonade seroit couronnée par l'entablement qui lui appartient, mais sur-tout par celui à mutules avec les métopes bien quarrés. Au-dessus il y auroit une belle balustrade relative à la proportion & au caractere de l'ensemble.

Peut-être pourroit-on supprimer les bases des colonnes, il seroit même de la prudence de le faire pour éviter les accidens, les angles saillans sont dangereux lors des exercices : mais dans ce cas, afin que la colonne eût toujours sa proportion de hauteur, au lieu de la base, on pratiqueroit un tambour plus fort d'un sixieme que le reste du fust, ce qui feroit une bande; ces colonnes bandelées dans le reste de la hauteur, & alternativement comme celles du Palais du Luxembourg, feroient un bel effet, & seroient dans le genre qu'on doit admettre pour un pareil lieu.

Tout le dessus de la partie couverte du manege seroit en terrasse, & feroit pour l'appartement un agrément de plus. On pourroit le décorer de caisses d'orangers, de myrthes & de vases : le boudoir, le cabinet de toilette ne pourroient-ils pas être disposés de maniere que cet endroit feroit leur jardin; il ne peut y avoir une situation plus heureuse, Mars & Vénus s'accordent toujours bien. On observera toutefois que l'expofition des croifées de ces deux endroits doit être au Levant ; de cet afpect favorable pour la compofition on tireroit les plus grands effets, & la partie de la colonade en face des croifées, tournée en conféquence du côté de l'Oueft, feroit éclairée pittorefquement, au moyen des rayons que le Soleil couchant darderoit fur cette partie. Il produiroit l'afpect d'une fcene théâtrale par le contrafte des ombres & de la lumiere. Suppofons en effet deux rangées de colonnes ; les plus enfoncées feront en partie obfcurcies par le plafond, & par l'entablement de celles qui font les plus proches de l'arêne ; les premieres au contraire feront éclairées depuis leur chapiteau jufqu'à leur bafe ; la lumiere en fera adoucie par la rondeur des futs, mais elle fe réunira en grandes maffes fur l'aire de l'intérieur du périftile qui la réfléchira avec beaucoup d'éclat : elle frappera pleinement & fans interruption tout l'entablement, & marquera diftinctement chaque membre ; elle fe trouvera tellement diftribuée, que les ombres feront un contrafte d'autant plus précieux que les jours feront plus vifs. Dans un autre moment des rayons affoiblis éclaireront encore les parties latérales, quand la partie supérieure se couvrira de la premiere obscurité du soir. Que de beautés ! que de charmes ! C'est sur de pareils effets que la peinture puise les regles savantes de perspective & d'optique qui contribuent à la magie de son art. Pourquoi donc un Architecte habile négligeroit-il d'en profiter, si la cruelle nécessité n'y mettoit pas d'obstacle. En effet un morceau, superbe en lui-même, souvent devient froid ; quelle en est la cause ? C'est l'exposition, c'est le défaut de contraste des ombres & des lumieres ; jusqu'ici peut-être n'y a-t-on pas fait assez d'attention. On a souvent blâmé certains ouvrages sans en connoître la raison ; on est injuste. L'Artiste n'est pas toujours maître de la situation de son site. La façade de l'édifice de la Monnoie (1) vers la riviere en est un exemple bien frappant. Ce morceau heureusement

―――――

(1) Par M. Antoine de l'Académie d'Architecture. La premiere pierre en a été posée le 30 Avril 1771 au nom du Roi, & au mois de Mars 1775 on y a fait la translation des ouvriers.

conçu, bien composé, de la plus grande harmonie, paroît monotone : la réussite ne répond pas à ce qu'on pouvoit espérer, qu'on y fasse attention, l'exposition au Nord en est la seule cause ; en effet point de jeu pour les ombres des corps saillans, tout y est du même ton.

Jettons les yeux sur la colonade du Louvre exposée au Levant, elle fait la preuve de ce que nous avançons. L'effet des jours & des ombres lui donne un relief, dont la grande façade de l'hôtel des Monnoies est malheureusement privée.

Revenons à la colonade de notre manege.

On pourroit mettre des vases de pierre, d'une forme agréable & d'une proportion relative à l'ordre, au-dessus des piédestaux qui forment les travées des balustres.

Comme dans les parties du milieu on pourroit former des avant-corps, alors on y accoupleroit les colonnes; dans ce cas les piédestaux au-dessus seroient couronnés de groupes, de figures, ou de trophées analogues à un manége.

C'est ici qu'on doit donner l'essor à son imagination, pour parvenir au ton de grandeur, de noblesse & de magnificence ; il faut que tout concoure au caractere & au genre du lieu, la moindre négligence seroit impardonnable.

L'aspect d'un édifice de ce genre doit inspirer un sentiment noble. Le son de la trompette anime le guerrier & les chevaux mêmes; le ton, les proportions, l'harmonie de l'Architecture ont le même droit sur notre ame.

Un manége conçu & exécuté dans son vrai genre termineroit de la maniere la plus heureuse l'appartement d'un jeune Seigneur, dont les exercices doivent faire un des premiers objets d'éducation; ils contribuent à la santé, à la force du tempérament, qualités précieuses, sur-tout pour un Militaire.

Tel est l'ensemble d'un grand & superbe hôtel; tel est le caractere que chaque piece doit avoir en son particulier, & relativement au genre des personnes pour lesquelles elles sont faites. Dans ses compositions on ne peut donner trop d'harmonie, elle doit être en raison de la masse; le défaut dans les dimensions produit un effet désavantageux par un contraste qui déplaît & qui dérobe souvent

jusqu'à

jusqu'à la ressemblance des figures. Tout en Architecture a un genre qui lui est propre. L'Architecte intelligent doit se faire connoître dans les plus petites parties de son art.

Dans le siecle présent le faste est poussé au point, que nous sommes obligés de pratiquer dans nos distributions beaucoup de pieces dont nos peres n'avoient pas l'idée; elles nous sont suggérées par la volupté, par le luxe, par ce goût rafiné qu'autrefois on ne connoissoit pas. De simples tablettes, des armoires suffisoient. Nos besoins s'accroissent, l'exemple entraîne; on en sera convaincu, pour peu que l'on considere les édifices nouvellement construits sur les boulevards, à la chaussée d'Antin, le long des Champs Elisées, & dans nombre d'autres endroits de notre capitale. Ce ne sont pas des maisons, ce sont, à proprement parler, des palais, quoique la plupart ne soient occupées que par des particuliers. La magnificence s'y trouve jointe à la plus grande aisance; rien n'y manque, soit du côté de la richesse, soit du côté de l'art. A leur aspect on est étonné : mais l'ame est-elle pleinement satisfaite? C'est la question.

On n'y apperçoit souvent que de vastes constructions où les différens genres, les différens caracteres sont confondus. Rien de relatif aux personnes qui les occupent : on s'apperçoit à chaque pas que l'Artiste ne s'est proposé aucun but pour la base de son travail. On y voit des étincelles de goût, & rarement des ensembles bien médités & heureusement conçus. Ce sont des éclairs qui se perdent dans l'immensité, & ne laissent que l'apparence d'un beau ciel bientôt obscurci de nuages.

Le genre galant a été le plus suivi, & ce genre ne tient pas à beaucoup près le premier rang. Souvent la suite d'un appartement manque des rapports nécessaires entre les différentes parties. Ces pieces n'ont aucune analogie par les caracteres opposés qui s'y trouvent. Étoit-il possible de faire autrement ? Non. La plupart de ceux qui ont construit, bâtiront au hasard, sans pouvoir deviner à qui l'habitation seroit destinée. Il est cependant nécessaire de se former une marche, d'avoir une intention fixe. L'appartement d'un Ministre n'est pas celui qui convient à

DE L'ARCHITECTURE. 275
une petite maîtresse ; celui d'une petite maîtresse ne va point à un Magistrat, &c. Mais n'entrons pas dans de plus longues discussions ; le but que nous nous sommes proposé est de faire connoître l'analogie de l'Architecture avec nos sensations. Aussi, en parlant des distributions, nous sommes-nous attachés à développer le caractere propre des différentes pieces. Nous avons fait sentir ce que le luxe actuel exige, & la nécessité d'une progression de richesse entre chaque partie d'un même appartement. Nous avons expliqué l'accord des masses, les détails, les profils, tout ce qui peut tendre à un bel ensemble, & à conserver cette harmonie, la base du vrai beau qui émeut l'ame & fait naître les sensations : mais comme les principes sont les mêmes que ceux des décorations extérieures, nous y renvoyons.

Ce seroit ici le moment de parler des édifices publics, de leurs usages, des sensations qu'ils doivent exciter chacun dans leur genre, & des ressources qu'il faut employer pour y parvenir. En effet, que n'aurions-nous pas à dire sur les grands bâtimens qui doivent faire époque

S 2

pour l'avenir, & caractériser le goût du siecle en présentant le génie de la nation ? Mais ce seroit un ouvrage d'une trop longue haleine, il est à propos d'attendre le sentiment du public sur l'essai que nous mettons au jour. Si les principes que nous donnons ont le bonheur de plaire, nous nous ferons un devoir d'étendre nos idées, & de continuer l'ouvrage dans ses différentes parties.

FIN.

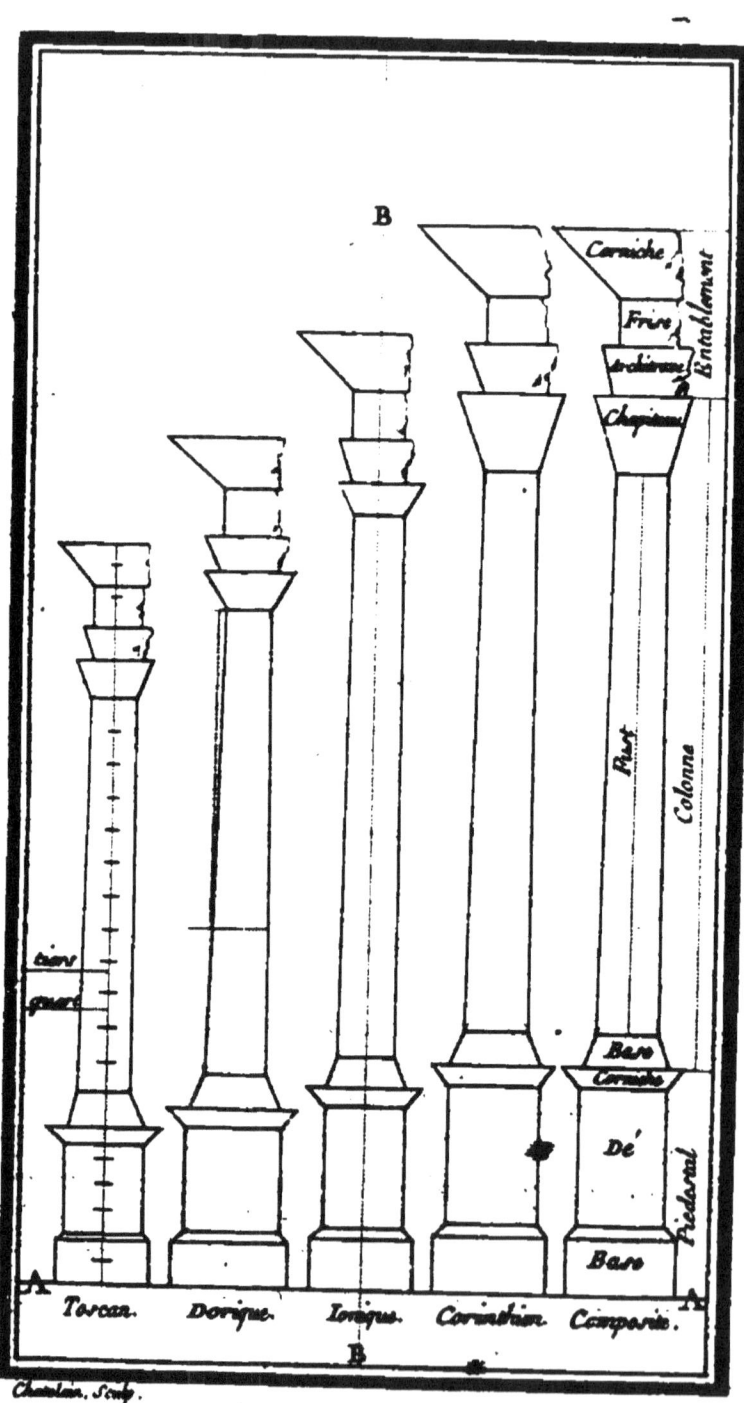

APPROBATION.

J'AI lu par l'ordre de Monseigneur le Garde des Sceaux un Ouvrage ayant pour titre: *Le Génie de l'Architecture, ou Analogie de cet Art avec nos sensations*, & je n'y ai rien trouvé qui puisse en empêcher l'impression. A Paris, ce 10 Février 1780.

MAUDUIT.

PRIVILEGE DU ROI.

LOUIS, PAR LA GRACE DE DIEU, ROI DE FRANCE ET DE NAVARRE; A nos amés & féaux Conseillers, les Gens tenans nos Cours de Parlement, Maîtres des Requêtes ordinaires de notre Hôtel, Grand-Conseil, Prévôt de Paris, Baillifs, Sénéchaux, leurs Lieutenans Civils, & autres nos Justiciers qu'il appartiendra : SALUT. Notre amé le Sieur LE CAMUS DE MÉZIERES, Architecte, Nous a fait exposer qu'il désireroit faire imprimer & donner au Public un Ouvrage de sa composition, intitulé : *Le Génie de l'Architecture, ou l'Analogie de cet Art avec nos sensations* ; s'il nous plaisoit lui accorder nos Lettres de Privilege à ce nécessaires. A CES CAUSES, voulant favorablement traiter l'Exposant, Nous lui avons permis & permettons de faire imprimer ledit Ouvrage autant de fois que bon lui semblera, & de le vendre, faire vendre par tout notre Royaume. Voulons qu'il jouisse de l'effet du présent Privilege, pour lui & ses hoirs à perpétuité, pourvu qu'il ne le rétrocede à personne; & si cependant il jugeoit à propos d'en faire une cession, l'Acte qui la contiendra sera enregistré en la Chambre Syndicale de Paris, à peine de nullité, tant du Privilege que de la cession; & alors par le fait seul de la cession enregistrée, la durée du présent Privilege sera réduite à celle de la vie de l'Exposant, ou à celle de dix années, à compter de ce jour, si l'Exposant décede avant l'expiration desdites dix années. Le tout conformément aux articles IV & V de l'Arrêt du Conseil du trente Août 1777, portant Réglement sur la durée des Priviléges en Librairie. Faisons défenses à tous Imprimeurs, Libraires & autres personnes, de quelque qualité & condition qu'elles soient, d'en introduire d'impression étrangere dans aucun lieu de notre obéissance; comme aussi d'imprimer, vendre, faire vendre, débiter ni contrefaire ledit Ouvrage, sous quelque prétexte que ce puisse être, sans la permission expresse & par écrit dudit Exposant, ou de celui qui le représentera, à peine de saisie & de confiscation des Exemplaires contrefaits, de six mille livres d'amende, qui ne pourra être modérée, pour la premiere fois; de pareille amende & de déchéance d'état en cas de récidive, & de tous dépens, dommages & intérêts, conformément à l'Arrêt du Conseil du trente Août 1777, concernant les contrefaçons. A la charge que ces Présentes seront enregistrées tout au long sur le Registre de la Communauté des Imprimeurs & Libraires de Paris, dans trois mois de la date d'icelles; que l'impression dudit Ouvrage sera faite dans notre Royaume & non ailleurs, en beau papier & beau caractere, conformément aux Réglemens de la Librairie; à peine de déchéance du présent Privilége: qu'avant de l'exposer en vente, le Manuscrit qui aura servi de copie à l'impression dudit Ouvrage sera remis dans le même état où l'Approbation y aura été donnée, ès mains de notre très-cher & féal Chevalier Garde des Sceaux de France le Sieur Hue de Miromenil, qu'il en sera ensuite remis deux Exemplaires dans notre Bibliotheque publique, un dans celle de notre Château du Louvre, un dans celle de notre très-cher & féal Chevalier Chancelier de France le sieur DE MAUPEOU, & un dans celle dudit Sieur HUE DE MIROMENIL : Le tout à peine de nullité des Présentes. Du contenu desquelles vous mandons & enjoignons de faire jouir ledit Exposant & ses hoirs pleinement & paisiblement, sans souffrir qu'il leur soit fait aucun trouble ou empêchement. VOULONS que la copie des Présentes, qui sera imprimée tout au long au commencement ou à la fin dudit Ouvrage, soit tenue pour duement signifiée, & qu'aux copies collationnées par l'un de nos amés & féaux Conseillers-Secrétaires, foi soit ajoutée comme à l'original. COMMANDONS au premier notre Huissier ou Sergent sur ce requis, de faire, pour l'exécution d'icelles, tous Actes requis & nécessaires, sans demander autre permission, & nonobstant clameur de Haro, Charte Normande, & Lettres à ce contraires. Car tel est notre plaisir. Donné à Paris le dix-neuvieme d'Avril, l'an de grace mil sept cent quatre-vingt, & de notre Regne le sixieme.

PAR LE ROI EN SON CONSEIL.

LE BEGUE.

Registré sur le Registre XXI de la Chambre Royale & Syndicale des Libraires & Imprimeurs de Paris, N°. 1202. folio 280, conformément aux dispositions énoncées dans le présent Privilége ; & à la charge de remettre à ladite Chambre les huit Exemplaires prescrits par l'article CVIII du Réglement de 1723. A Paris, ce 21 Avril 1780.

A. M. LOTTIN *l'aîné, Syndic.*

ACHEVÉ d'imprimer, pour la premiere fois, par BENOÎT MORIN, Imprimeur-Libraire, rue Saint-Jacques, à la Vérité.

A PARIS,

Ce 22 Avril 1780.

www.ingramcontent.com/pod-product-compliance
Lightning Source LLC
Chambersburg PA
CBHW070824170426

43200CB00007B/890